U0909784

编写委员会

主　任　郭兰平　任玉忠

副主任　高振铭　李廷栋

编　委　宋　敏　石鹤龄　孙增举　杨宁岗

健康身心　阳光铁路

JIANKANGSHENXIN YANGGUANGTIELU

《健康身心　阳光铁路》编写组　组编

蘭州大學出版社
LANZHOU UNIVERSITY PRESS

图书在版编目（CIP）数据

健康身心　阳光铁路 / 《健康身心　阳光铁路》编写组组编. -- 兰州 : 兰州大学出版社, 2015.12
ISBN 978-7-311-04851-8

Ⅰ. ①健… Ⅱ. ①健… Ⅲ. ①铁路员工—心理健康—健康教育 Ⅳ. ①B844.3

中国版本图书馆CIP数据核字(2015)第303908号

责任编辑　陈红升
封面设计　郇　海

书　　名　健康身心　阳光铁路
作　　者　《健康身心　阳光铁路》编写组　组编
出版发行　兰州大学出版社　(地址:兰州市天水南路222号　730000)
电　　话　0931-8912613(总编办公室)　0931-8617156(营销中心)
　　　　　0931-8914298(读者服务部)
网　　址　http://www.onbook.com.cn
电子信箱　press@lzu.edu.cn
印　　刷　兰州新华印刷厂
开　　本　710 mm×1020 mm　1/16
印　　张　8.25(插页4)
字　　数　152千
版　　次　2015年12月第1版
印　　次　2015年12月第1次印刷
书　　号　ISBN 978-7-311-04851-8
定　　价　26.80元

(图书若有破损、缺页、掉页可随时与本社联系)

前 言

安全是铁路的永恒主题，引发安全问题的原因是多方面的，但职工的心理因素容易被我们忽视。

随着铁路进入高铁时代，铁路经营管理模式发生了转变，对安全服务提出了更高的标准，一些职工在心理上产生了困惑和失衡，甚至出现过激行为；也有一些职工由于不能适应新的变化，出现了焦虑、烦躁、抑郁等心理问题，不仅影响自己的工作，也给自己的健康、家庭生活和人际交往带来了影响。铁路企业想要健康稳定地发展，首先要确保职工队伍的稳定性，增强凝聚力，这不仅要有完备的安全管理规章制度，还需要从心理上对职工进行人文关怀，不仅要从关注职工心理问题的角度达到职工心理健康，而且还要从积极的思维方式、正确的价值取向、健康的生活习惯等角度帮助职工提高心理健康水平，生活得更加充实、幸福。

高铁时代需要高素质的铁路职工，高素质的职工必然要有阳光的心态，有了阳光心态的铁路职工才会有灿烂的阳光铁路。为了能够帮助我们的职工身心健康、生活幸福、工作高效，形成“自尊自信、理性平和、积极向上”的良好社会心态，兰州铁路局党校组织相关教师编写了本书。

本书分为五章，前四章侧重站在职工个体的角度，最后一章主要聚焦于组织的角度。第一章和第四章由宋敏编写，第二章由石鹤龄编写，第三章由孙增举编写，第五章由杨宁岗编写。全书的统稿工作由宋敏负责。

特别需要说明的是，在本书成书之际，中国铁路总公司颁发了“职工健康行动计划”，兰州铁路局制定了“兰州铁路局职工健康行动计划实施方案”，我们将之附录于后。身体是工作和生活的本钱，心态亦然。“健康身心 阳光铁路”是我们共同的期盼。

在本书的编写过程中，参考了许多书籍和资料，在此谨向作者表示衷心的感谢。

由于编者水平有限，书中难免有疏漏和不妥之处，敬请提出宝贵意见。

目录
CONTENTS

第一章　心理健康知多少

心理健康关系每一个人、每一个家庭的幸福。用人单位、学校、社区、家庭都要关注精神卫生问题，共同维护和促进心理健康。

——中国《精神卫生法》解释

一切的成就、一切的财富，都始于快乐健康的心理。

——美国一位资深心理医生

我们这一代最伟大的发现是，人类可以经由改变态度而改变自己的生命。

——威廉·詹姆斯

「故事链接」

海明威自杀背后有什么深层次原因？

欧内斯特·米歇尔·海明威（1899—1961年），美国小说家，1954年度的诺贝尔文学奖获得者，“新闻体”小说的创始人。曾作为红十字车队司机参加了第一次世界大战，并以记者身份参加了第二次世界大战和西班牙内战。晚年罹患多种疾病，精神极度抑郁，1961年7月2日清晨，在家中用猎枪自杀。

自海明威自杀以后，半个多世纪以来，有关海明威的人生一直都是争论的焦点。他的自杀是一种勇敢的“硬汉”之举，还是因为他再也无法承受“硬汉”形象给他带来的负担？背后有什么深层次原因？

海明威患有抑郁症已是众所周知，那么，海明威为什么会得抑郁症？通过对海明威的作品以及幼年经历进行分析，海明威自杀主要有以下因素：一是海明威有对死亡的渴望。在海明威的著作，如《在我们的时代》《战斗者》《太阳照常升起》《丧钟为谁而鸣》中，我们经常看到的主题是失落、了结和死亡，海明威所塑造的英雄永远在失败中等待死亡。如果一个人要从死亡中显出生命的光彩，要从死亡中走出幻灭的狭小世界，唯一的办法就是酗酒、性交、狩猎、打斗、流血和凶杀。二是海明威患有抑郁症。在举枪的一瞬间，海明威到底患了什么病？除了高血压、动脉硬化等疾病外，在精神方面，海明威是个抑郁症患者。抑郁症可以彻底摧毁一个人的生活意志，也可以让一个人整日生活在高度兴奋与狂躁当中。海明威幼年的养育方式带给他强烈的焦虑和不安全感，这种焦虑，持续了他的一生，并成为他日后抑郁症产生的根源。为缓解焦虑，海明威必定在潜意识中采取各种方法，最好的方法就是通过想象满足他的需求，他变成一个硬汉、一个英雄、一个无所畏惧敢于冒险的人。但是，在潜意识里，他是被迫达到的。也就是说，在海明威身上，发生了自发性驱力和强迫性驱力之间的冲突，即"我想做一个硬汉"和"我必须做一个硬汉"之间的冲突。一旦"硬汉"遭受打击，自我形象受到破坏，就会因为强烈的反差而产生情绪上的极端失望和绝望，从而对自己丧失信心。三是从医学的角度讲，海明威自杀有一定的家族遗传因素。海明威的父亲用手枪对准自己的太阳穴开枪自杀；海明威的妹妹服毒自杀；海明威的弟弟将子弹射入自己的头部自杀。

对海明威自杀因素的探究，让我们更多地关注人的心理状态。

2014年10月10日是世界精神卫生日，其主题是"心理健康，社会和谐"。2015年1月，中国铁路总公司启动职工健康行动计划，旨在全面提高职工健康水平。那么，什么是心理健康？我们自己离心理健康有多远？心理健康有没有标准可以衡量？如何维护心理健康？

心理健康是科学健康概念的重要组成部分，要了解心理健康，就必须全面了解健康的科学内涵。

一、我们是否健康

（一）关于健康的概念

近些年，随着人们物质生活水平的提高，国民对养生保健的热情空前高涨，媒体上各种养生节目更是如雨后春笋般，变着花样吸引众多观众的眼球。热衷于学习各种养生知识当然无可厚非，"延年益寿"这个成语饱含中国传统文化对生活的美好期许。但是，你知道"养心"的重要性吗？

早在1948年，世界卫生组织（简称WHO）成立时，在其宪章中开宗明义地指出："健康不仅仅是没有疾病，而且是身体上、心理上和社会上的完好状态。"为了加深人们对健康的认识，世界卫生组织还提出了十条健康标准：(1)足够充沛的精力；(2)态度积极，乐于承担责任，不论事情大小都不挑剔；(3)善于休息，睡眠良好;(4)能适应外界环境的各种变化,应变能力强;(5)能够抵抗一般性的感冒和传染病;(6)体重得当,身体均匀,站立时,头、肩、臂的位置协调;(7)反应敏锐,眼睛明亮,眼睑不发炎;(8)牙齿清洁、无空洞、无痛感,无出血现象,齿龈颜色正常;(9)头发有光泽、无头屑;(10)肌肉和皮肤富有弹性,走路轻松匀称。这个健康概念与标准描述了健康应该包括身体健康、心理健康和适应社会三个方面,将人的生物学方面与社会、心理方面结合起来。

1989年,联合国世界卫生组织(WHO)顺应时代的进步,又修改了健康概念,在原来健康概念的基础之上,增加了道德健康,即"健康不仅是没有身体疾病,而且包括躯体健康、心理健康、社会适应良好和道德健康"。"道德健康"的加入非常引人注目,使健康的内涵由对精神生命的关注指向对精神成长的提升,成为人类健康发展的新视界。

1998年,世界卫生组织(WHO)又提出了身心健康的八大标准,即"五快三良"。"五快":吃得快、睡得快、便得快、说得快、走得快。吃得快,指胃口好,吃得迅速,不挑食,说明内脏功能好。睡得快,说明神经系统功能正常,神经运动协调且身体无病。便得快,指大小便轻松自如、感觉良好,说明胃肠功能好。说得快,说明头脑清楚、思维敏捷,心肺功能正常。走得快,说明精力充沛、旺盛,无衰老症。"三良":良好的个性、良好的处事能力、良好的人际关系。良好的个性,指性格温和,意志坚强,感情丰富,坦荡通达。良好的处事能力,指看问题客观、适应变化、自控情绪。良好的人际关系,指大度、和善、助人为乐。

综上所述,现代健康概念已经突破了人们对疾病根源的传统看法,不再局限于个人生物学状态的理解,不再狭隘地考察一个人是否存有疾病或病症,还需要考察心理和精神因素。

美国社会医学家考克汉姆在1914年出版的《医疗与社会:我们时代的病与痛》一书中,很赞赏一位英国普通女性对健康的描述:健康就是你浑身是劲,你感觉良好,容光焕发,没有任何事情能真正困扰你,生活是如此美好,你想做更多的事情。这样的健康观无疑有更多的心理和精神因素在内。

依据对健康概念的认识,扪心自问:我们健康吗?

(二)关于身心一体的健康观

英国著名教育家洛克有一句名言:"健康的心理寓于健全的身体。"严格地说,没有一种病是纯粹身体方面的,也没有一种病是纯粹心理方面的。因此,我们在考虑自身的健康和疾病时,要注意身心两个方面的反应。

1.身体健康影响心理健康,身体健康是心理健康的基础。

在现实生活中,经常听到这样的抱怨:“你家庭条件这么好,工作条件这么好,丈夫和孩子这么好,你为什么就心情不好呢?”“你要意志坚强,把你的情绪提起来。”在这些人看来,抑郁情绪可通过坚强的意志,将好情绪找回来。但是,当我们对别人抱怨时,有没有想过:情绪低落,烦躁不安,容易发怒,是否是身体出现了状况?有没有想过:对方的抑郁情绪可能与大脑有关呢?

个人的心理系统与身体的各生理系统,如消化系统、血液循环系统、生殖系统、免疫系统等都有关系,其中特别与神经系统(主要是脑)的关系更为密切。

「案例链接」

大脑健康,情绪才能快乐

有一位女大学生,自诉自幼对周围事物没有感情,缺乏感觉,像隔着一层东西似的,明明知道母亲在对自己表达爱意,但自己却体验不到母爱的感觉,与亲友在一起觉得和陌生人一样,不希望别人理自己。近年来这种感觉加重,她觉得自己像行尸走肉似的,没思想,不能对周围的事物投入感情,常希望家中发生点事,如父母离婚,时常心烦,想杀人,为此十分痛苦。服了医生开的具有提高去甲肾上腺素的抗抑郁的药物后,该女大学生变得对周围世界有了热情,能够正常生活和工作。

该案例表明,当某些原因导致大脑内的去甲肾上腺素不足时,则不能唤醒情绪,就会对自我的世界失去感觉,甚至了无生趣。在这种情况下,用去甲肾上腺素,人的情绪会变得积极,人会积极做事情。

「知识拓展」

你重视“头”等大事吗?

大脑在整个人体中扮演着最重要的角色。脑支配着人体的各个功能,如语言、运动、思维、情绪等,一旦脑受到损伤,就会引发多种疾病。大脑不健康包括两个方面,一个是器官方面的,如脑卒中、脑炎等。一个是精神方面的,如头昏目眩、发呆、反应能力降低、记忆力下降、不容易集中精力等症状。而现在有许多上班族,闲下来的时候最常做的就是玩手机,上班乘车时看新闻,吃饭时刷微信、微博,睡觉前看小说,就连上厕所都要捧着手机,大脑得不到充分休息。我国把每年9月定为“脑健康月”,然而,知道的人并不多。由此可见,脑的健康问题更容易被忽视。

2.心理健康影响身体健康,心理健康对身体健康有反作用。

很多人都有过这样的经验,当遇到紧张焦虑的状况就会胃痛或腹泻。有许多研究表明,情绪主宰健康,强烈或持久的负性情绪,最终会导致生理疾病。心理免疫学最近的研究成果表明，负面思维和负面情绪会慢慢破坏免疫系统，消化系统、内分泌系统和皮肤最容易被情绪利用。根据世界卫生组织统计，不良情绪会在长年累月的积存中酝酿疾病，70%以上的身体疾病是由情绪心理原因造成的。医学专家研究表明，高血压、动脉硬化、冠心病、紧张性头痛、部分消化系统的病、部分皮肤病、部分呼吸系统的病等与我们的心理因素有关，特别是与情绪有关。我们的职工体检，有的人检查出肿瘤，以前不知道也没什么事，知道后，心理负担很重，很快就去世了。而有的人带瘤生存了几十年，这是因为他们轻松的心态使他们可以带瘤生存相当长的时间。

其实，在祖国医学中很早就有个人心理会影响生理机能的记载。《黄帝内经》中说："人有五脏化五气，以生喜怒悲忧恐。"又说："怒伤肝，喜伤心，思伤脾，悲伤肺，恐伤肾。"怒、喜、思、悲、恐及剧烈的情志变动等心理活动会直接或间接地导致生理机能的亏损。

「案例链接」

小肠因何穿孔

北京中医药大学郝万山教授曾讲过这样一个例子：一个山区的农民花了他大部分积蓄买了头小毛驴，可在回家的路上，小毛驴惊了。这位农民看到路的一边是高山，一边是深沟，小毛驴要是摔到山沟里就完了，所以他特别紧张。但是这头小毛驴没跑几十米就被人拦住了，大家回头看这个农民，肚子疼得蹲在地上动不了。送到医院一查，小肠出现5处穿孔。人焦虑紧张，怎么能使小肠出现穿孔？这叫急性应激反应性疾病。人在情绪遭到激烈的创伤的时候，内脏可以发生严重的功能紊乱。这个例子表明情绪对身体健康有重要影响。

心理健康除了影响身体健康，还可以弥补不健康的身体。良好的心理状态能促进人体分泌更多有利的激素、酶类和乙酰胆碱等，这些物质能把血液的流量、神经细胞的兴奋调节到最佳状态，从而增强肌体的抗病力，促进人们健康长寿。

（三）关于亚健康

你有没有过这样的体验：有的时候感到不舒服，到医院检查，却又查不出器质性病变，医生告诉你说，你没有病。这到底是怎么回事？这就叫亚健康。

根据健康定义，我们通常把人群分为三类：真正健康的人成为第一状态；患有疾病者称为第二状态；而另外一批人群处在健康和患病期间的过渡状态，世界卫生组织称其为"第三状态"，也就是我们称之为的"亚健康"状态。"第三状态"处理得当，身体就向健康转化；反之，则患病。对亚健康状态的研究，也是未来生命科学研究的重要组成部分。

亚健康最早是20世纪80年代美国医学界提出的命题,当时称此类症状为"雅皮士流感",因为在80年代早期,这种怪病多发生在三四十岁、经济富裕的知识女性中。随后,求治的人越来越多,在世界各国不同年龄、种族和阶层的人当中都发现了同样的病例。亚健康状态的症状主要是浑身无力、容易疲劳,甚至整天都感到很累,腰酸背痛;睡眠欠佳,或者入睡困难,或者早醒,醒后再也睡不着觉;食欲不振,没有饥饿的感觉;便秘;精力不足,力不从心,心理脆弱,多愁善感,焦虑紧张,工作头绪稍多就会心烦急躁,容易被激怒;心慌心跳,抵抗力差,经常感冒或者反复出现口腔溃疡。

有调查表明,现代社会完全健康的人,不过占人群总数的15%,已被确诊为患病状态的人,也大约占15%,剩下的70%就是处于中间状态的亚健康状态,这不能不引起人们的高度警惕。在我国,有调查显示,目前主流城市的白领亚健康比例高达76%,处于过劳状态的接近六成,真正意义上的"健康人"比例不到3%。综合数据显示,白领女性更容易受到心脑血管疾病威胁,男性则要注意猝死、过劳和癌症等问题。

「知识拓展」

亚健康如何界定

以世界卫生组织(WHO)四位一体的健康新概念为依据,亚健康可划分为:(1)躯体亚健康。主要表现为不明原因或排除疾病原因的体力疲劳、虚弱、周身不适、性功能下降和月经周期紊乱等。(2)心理亚健康。主要表现为不明原因的脑力疲劳、情感障碍、思维紊乱、恐慌、焦虑、自卑以及神经质、冷漠、孤独、轻率,甚至产生自杀念头等。(3)社会适应性亚健康。突出表现为对工作、生活、学习等环境难以适应,对人际关系难以协调,即角色错位和不适应是社会适应性亚健康的集中表现。(4)道德方面的亚健康。主要表现为世界观、人生观和价值观上存在着明显的损人害己的偏差。

二、心理健康怎知晓

(一)心理健康的内涵

在我们的现实生活中,因为心理不健康导致的各种极端事件屡屡出现:或因几句口角,就对他人痛下杀手;或是偶尔的考试失利,就选择自杀轻生;或嫉妒别人的才华,对同窗手足狠心投毒;更让人匪夷所思的是,为了排遣内心的压抑和苦闷,有人竟将魔手伸向了无辜的孩子……毋庸置疑,心理健康问题不仅影响个人和家庭的幸福，也关系到社会的和谐与安定。如果一个人经常地、过度地处于焦虑、郁闷、孤僻、自卑、暴怒、怨恨、猜疑等不良心态中，轻则妨碍潜能开发，重则导致心理变态。我国2013年5月1日正式实施的《精神卫生法》，在其相关解释中强调"心理健康关系每一个人、每一个家庭的幸福。用人单位、学校、社区、家庭都要关注精神卫生问题，共同维护和促进心理健康"。

那么，人的心理怎样才算健康呢？这是一个非常复杂的问题，要讲清楚这个问题并非易事，因为心理现象非常复杂，它的度量不像人的身体有具体、明确的生理指标和清晰、客观的数据说明健康与不健康，人的心理健康很难有一个固定而清晰的指标来度量，许多心理现象或规律尚处于未知或知之不多的阶段，并且由于不同的时代、不同的文化、不同的民族特点、不同的学术思想等导致的不同认知体系和价值观也会对此产生影响。因此，目前对心理健康，国内外还没有一个公认的定义。

1946年，第三届国际心理卫生大会曾给"心理健康"做了这样一个定义："心理健康是指在身体、智能以及情感上能保持同他人的心理不相矛盾，并将个人心境发展成为最佳的状态。"英国《简明不列颠百科全书》将心理健康定义为："心理健康是指个体心理在本身及环境条件许可范围内所能达到的最佳功能状态，但不是十全十美的绝对状态。"纵观各类定义，尽管人们所站的角度不同，对心理健康的理解也许会有一定的差异，但不难看出心理健康包括消极和积极两层含义。从消极层面看，心理健康是指没有心理障碍和疾病，这是心理健康的起码标准；从积极层面看，心理健康是指一种积极发展的心理状态，这是心理健康最本质的内涵。

「故事分享」

谁动了我的奶酪

有一本曾经非常流行的小册子——《谁动了我的奶酪》，书里面有两只小老鼠（"嗅嗅""匆匆"）和两个小矮人（"哼哼""唧唧"）。

这四个小生灵生活在一个迷宫里，奶酪是他们要追寻的东西。有一天，他们同时发现了一个储量丰富的奶酪仓库，便在其周围构筑自己的幸福生活。很久之后的某天，奶酪突然不见了！这个突如其来的变化使他们的心态暴露无遗：嗅嗅和匆匆随变化而动，立刻穿上始终挂在脖子上的鞋子，开始出去再寻找，并很快就找到了更新鲜、更丰富的奶酪。两个小矮人哼哼和唧唧面对变化却犹豫不决、烦恼丛生，始终固守在已经消失的美好幻觉中追忆和抱怨，无法接受奶酪已经消失的残酷现实。经过激烈的思想斗争，唧唧终于冲破了思想的束缚，穿上久置不用的跑鞋，重新进入漆黑的迷宫，并最终找到了更多更好的奶酪，而哼哼却仍在对苍天的追问中郁郁寡欢。

奶酪是个比喻,代表我们生命中最想得到的东西,它可能是一份工作,也可能是金钱、权力、爱情、健康或心灵的安宁等。生活在这样一个快速、多变的时代,每个人都可能面临着与过去完全不同的境遇,人们时常会感到自己的奶酪在变化。生活的迷宫很大,如果不断地埋怨,等待你的还是失望;如果你选择改变,也许会柳暗花明。选择改变产生于我们面对变化的积极心态。

(二)心理健康的标准

1946年,第三届国际心理卫生大会提出了具体明确的心理健康的四个标志:(1)身体、智力、情绪十分协调;(2)适应环境,人际关系良好;(3)有幸福感;(4)在生活、工作中,能充分发挥自己的能力,有效率感。

1951年,美国心理学家马斯洛和心理学家米特尔曼提出的心理健康十条标准,被认为是心理健康的"最经典标准":(1)有充分的自我安全感;(2)能充分了解自己,并能恰当估计自己的实力;(3)生活理想切合实际;(4)不脱离周围环境现实;(5)能保持人格的完整与和谐;(6)善于从经验中学习;(7)能保持良好的人际关系;(8)能适度地宣泄情绪和控制情绪;(9)在符合团体要求的前提下,能有限度地发挥个性;(10)在不违背社会规范的前提下,能适当地满足个人的基本需要。

美国人格心理学家奥尔波特在哈佛大学一直从事对高心理健康水平的人的研究,他是第一个研究成熟的、正常的成人而不是研究神经症患者的心理学家。他提出了心理健康的七种指标:(1)广延的自我意识,能主动、直接地将自己延伸到自身以外的兴趣和活动中;(2)良好的人际关系,具有对别人表示同情、亲密或爱的能力;(3)具有安全感的情绪,能够接纳自己的一切,好坏优劣都如此;(4)客观的知觉,能够准确、客观地认识现实和接受现实;(5)具有各种技能,并专注和高水平地胜任自己的工作;(6)自我形象现实、客观,知道自己的现状和特点;(7)内在的统一的人生观,能着眼于未来,行动的动力来自长期的目标和计划。

我国学者王登峰和张伯源归纳了心理健康的八项指标:(1)了解自我,悦纳自我;(2)接受他人,善与人处;(3)热爱生活,乐于工作;(4)面对现实,接受现实,适应现实,改变现实;(5)能协调与控制情绪,心境良好;(6)人格和谐完整;(7)智力正常;(8)心理行为符合年龄特征。

根据中外研究者们提出的各种心理健康标准不难看出,界定心理健康水平一般都是从智力水平、自我认知、适应能力、情绪正常、人格健全、意志品质、与人相处等方面提出的。

「知识拓展」

中国人心理健康六条标准

自2008年起，在中国心理卫生协会名誉理事长蔡焯基教授的带领下，专家组通过文献调研、调查和反复研讨，历经3年的努力，最终制定出“中国人心理健康六条标准”。

1.认识自我，接纳自我（自我意识）

在自我认知方面，心理健康的人能了解并恰当地评价自己，有一定的自尊心和自信心，且具备一定的自我接纳能力，能体验自我存在的价值，接受自己。

2.自我学习，独立生活（生活和学习能力）

学习能力是指具有从经验中学习，获得知识与技能的能力；生活能力是指能够独立处理日常生活中大部分衣食住行活动；解决问题的能力是指能够利用获得的知识、能力或技能解决常见的问题。

3.情绪稳定，有安全感（情绪健康）

一个心理健康的人对人身安全、生活稳定等有基本的安全感，在平时生活中能够保持情绪基本稳定，情绪状态能够保持以积极情绪为主导，而且能根据外界环境调控自己情绪的变化。

4.人际关系和谐良好（人际关系）

人际交往能力是评价心理健康标准的重要指标。比如，要求一个人具有基本的社会交往能力，能够处理与保持基本的人际交往关系，且能在人际互动中体验到正常的情绪情感，获得满足感，同时还能够接纳他人及交往中的问题等。

5.角色功能协调统一（角色功能）

每个人都在社会中扮演不同的角色。如果一个人基本能够履行社会所要求的各种角色规定，其心理与行为符合所处的环境、符合年龄特征，也能在社会规范许可的范围内实现个人需要的适当满足，那就意味着他的角色功能协调统一了。

6.适应环境，应对挫折（环境适应）

心理健康的人能保持与现实环境的接触，愿意面对和接受现实，能积极应对困难和挫折。

（三）心理健康标准的把握

1.心理不健康与有不健康的心理和行为表现不能等同

心理不健康是指一种持续的不良状态，偶尔出现一些不健康的心理和行为并不等于心理不健康，更不等于患了心理疾病。每个人随时随地都可能产生心理问题，心理冲突在当今社会像感冒、发烧一样不足为奇，因此，不能仅凭一时一事而简单地给自己或他人下心理不健康的结论。

2.心理健康与不健康是一种连续状态

从良好的心理健康状态到严重的心理疾病之间有一个广阔的过渡带。在许多情况下，异常心理与正常心理、变态心理与常态心理之间只是程度的差异，没有绝对的界限。

3.心理健康的状态是动态变化的过程

在人的一生中，可能有的时候会处在不健康的状态，但经过自身的努力和外界的帮助，可能又会恢复到原来的状态，成为一个心理健康的人。而且随着人的成长、经验的积累、环境的变化，心理健康状况也会有所改变。

4.心理健康的标准是一种理想的尺度

心理健康标准不仅为我们提供了衡量是否健康的标准，而且为我们指明了提高心理健康水平的努力方向。

「知识拓展」

我们有没有“心理感冒”

同身体感冒一样，心理也会患上“感冒”，它一般因生活事件造成心理负担，对学习、工作或生活带来不利影响的状况，叫作“心理感冒”症状。心理学家列举出了一些常见的“心理感冒”症状及判断标准，我们可以自己来测一测：

1.你时常感到情绪低落，闷闷不乐。

2.你觉得日子过得没意思、没劲。

3.遇到特殊情况自己感觉思维和反应总是比平时慢半拍。

4.经常自责、内疚，埋怨自己把事情搞糟了。

5.常常想睡觉，不愿活动。

6.心中有莫名其妙的烦恼。

7.学习效率下降，注意力容易分散。

8.特别容易受惊吓，也容易伤感，感情脆弱。

9.觉得身体各处不舒服，但又查不出问题。

10.没有食欲或者依靠暴饮暴食来对抗情绪的不适。

11.哪怕是自己喜爱的明星来到自己身边也觉得没有多少吸引力。

12.过分注意自己的仪表，其他方面却比较懒散。

13.常常想，要是没人管我就好了，可偏偏生活中限制多多。

14.被人批评了会好几天不开心。

15.总觉得自己还小，在谈到有关未来前途的事情时总是回避。

如果你有这些症状中的8项以上，可能就存在“心理感冒”的症状了。

其实我们大多数人都是处于“心理感冒”的易感状态。生活常识告诉我们，“感冒”虽然不是什么大病，可“感冒”带来的影响却是不容忽视的。所以，我们需要防微杜渐，经常审视自己的心理，积极地进行调适，让自己的心理处于健康的状态。

三、铁路职工心理健康怎评判

（一）铁路职工心理健康的标准

步入高铁时代的中国铁路，已从多年的“追赶者”成为世界铁路的“领跑者”，困难与挑战并存，机遇与压力同在，带给铁路人的不仅是荣誉与责任，更有对提升职工心理健康水平的迫切要求。铁路职工要想判断自己或周围人是否具有健康的心理，从自己日常行为的表现与感受分析，也可以检验心理是否健康。我们根据铁路职工特定社会角色的要求、心理健康的基本理论以及国内外学者对心理健康的研究成果，提出以下铁路职工心理健康标准供参考。

1.能保持对工作应有的责任心

责任心是一个人对待任务的态度。敬业是铁路职工工作的主要内容，心理健康的职工珍惜工作学习机会，求知欲望强烈，能够克服工作学习中的困难，从中体会快乐。因此，对工作学习的态度就反映了一个人心理健康的状态。

2.能保持积极的自我观念

人贵有自知之明。心理健康的人自我评价客观，既不妄自尊大去做力所不能及的事情，也不妄自菲薄而甘愿放弃可能发展的机会，自信乐观，生活目标与理想切合实际，不苛求自己，能扬长避短。

3.能保持和谐的人际关系

人际关系状况最能体现和反映人的心理健康状况。心理健康的人乐于并善于与他人交往，能用尊重、友爱、宽容和理解的态度与人相处，能乐于助人，也能接受他人的帮助，与他人同心协力、合作共事。心理健康的人不仅有许多普通朋友，还会有一两个知心朋友，在交友中感受到人生特有的幸福体验。

4.能保持稳定的情绪状态

情绪影响人的健康，影响工作效率，影响人际关系。所谓稳定的情绪状态，就是要让情绪适度，既不过分压抑，又能适当宣泄，而且愉快、开朗、乐观的心境总是多于不愉快的心境，并与当时情境相符。心理健康的人虽然也有消极的情绪体验，但是能够主动调节，能够变消极为积极。

5.能保持良好的环境适应能力

环境适应能力包括正确认识环境以及处理与环境的关系的能力。心理健康的人在环境改变时能面对现实，对环境做出客观的认识和评价，使个人行为符合新环境的要求；能和社会保持良好的接触，对社会现状有清晰的认识，及时修正自己的愿望和要求，使自己的思想、行为和社会协调一致。

6.能保持完整的人格品质

品格、性格是人格的两个重要内容。品格是一个人的品行，具有价值含义。性格是个人适应外界环境所形成的对现实的稳定态度和习惯化了的行为模式，对现实的态度基本可分为对己、对人、对事几个方面。人格完整指作为人格构成要素的性格和理想、信念、人生观等各方面平衡发展。如果个体内心冲突矛盾大、不稳定，就不能叫心理健康。

7.能保持健全的意志

意志是自觉地确定自己的理想目标，并支配自己的行动，努力实现这个目标的心理过程。心理健康的人果断，善于明辨是非，能够自制和自控，善于促使自己执行已采取的决定。

心理健康的标准为我们指明了提高心理健康水平的努力方向。每一个人在自己现有的基础上做不同程度的努力，都可以追求心理发展的更高层次，不断发挥自身的潜能。许多研究心理健康的专家一致认为，心理健康的人能以"解决问题"的心态和行为面对挑战，而不是逃避问题。

「案例链接」

在平凡的岗位上创造出不平凡的事迹

孙琦是呼和浩特铁路局呼和浩特站的一名售票员，参加工作20多年来，她在线路工、车站货运员、售票员等平凡的岗位上兢兢业业，干一行、钻一行、精一行，将自己所从事的工作做成精品。特别是在售票员岗位上，凭着一手"话音落、车票出"的绝活，她创造出售票百万张无差错的业绩，并总结提炼出"七字售票工作法"和"十二句服务规范用语"，被所在路局客运系统广泛推广，打造了以自己名字命名的"孙琦党员售票示范窗口"。她以精湛的技艺，以全心全意为旅客服务的热情，以时刻把旅客服务好为己任的情操，让旅客感受到春天般的温暖，使旅客的旅途不再孤单。在孙琦身上，集中体现了当代铁路职工爱路爱岗、忠于职守的敬业精神；真诚服务、无私奉献的良好风貌；勤学善思、岗位成才的优秀品质；自强不息、坚韧不拔的进取意识。

孙琦在平凡的岗位上做出了不平凡的业绩，在平凡的岗位上创造出了不平凡的事迹，在平凡中实现着自己的人生价值。

（二）影响铁路职工心理健康的因素

心理学研究表明，影响心理健康的因素是十分复杂的，它是生理、心理、社会因素共同作用于个体的结果，影响铁路职工心理健康的因素是铁路职工的个人因素与铁路特殊的工作环境以及社会因素相互作用的结果。

1.影响心理健康的个人因素

（1）遗传因素。遗传基因基本决定了个体的生物学症状，一个人的心理活动特点和心理健康水平与遗传因素有十分密切的关系，尤其是气质、神经结构的活动特点、能力与性格的某些成分等都受遗传因素的明显影响。

（2）家庭因素。在父母争吵中长大的孩子，对外界常常充满敌意，并且有较多的攻击行为；在凡事苛求十全十美的家庭中长大的孩子，往往有过分自责的倾向，容易出现强迫观念与强迫行为；社会适应不良的父母，子女多有退缩、回避的特点。

（3）个性因素。个性制约着一个人看待事物的态度及其行为方式，凡事谨小慎微、苛求完美、墨守成规等个性特点的人容易出现强迫症；具有情绪多变、易接受暗示、自我中心、好自我表现等特点的人易患癔症；性格孤僻、内向、敏感多疑、爱幻想者则容易罹患精神分裂症；“A型人”因常常处在紧张焦虑之中，容易罹患高血压、冠心病等心身疾病；“C型人”因不善于宣泄和表达严重的焦虑、抑郁，过分压抑自己的不良情绪，为取悦别人或怕得罪别人而放弃自己正常的心理需要，与癌症的发生存在一定的关联。

（4）认知因素。认知指对人对事的看法、解释、评价，是一个人的信念及思维方式。同样面对半杯水，有的人乐观，有的人悲观，积极或消极的认知都会影响心理健康。

（5）外表因素。一个人外表的吸引力和个人适应有着明显的联系。相对来说，一个外表富有吸引力的人往往有较好的人际关系，也更自信。

（6）身体因素。健康的身体是心理健康的重要保障。

「知识拓展」

你是否属于A型人格

下面列出的25个问题是专门用来诊断A型性格的问卷，请你根据自己的实际情况，对每个问题回答“是”或“否”。

1.你说话时会刻意加重关键字的语气吗？

2.你吃饭和走路时都很急促吗?

3.你认为孩子自幼就该养成与人竞争的习惯吗?

4.当别人慢条斯理地做事时你会感到不耐烦吗?

5.当别人向你解说事情时你会催他赶快说完吗?

6.在路上挤车或餐馆排队时,你会感到着急或生气吗?

7.聆听别人谈话时你会一直想你自己的问题吗?

8.你会一边吃饭一边写笔记,或一边开车一边刮胡子吗?

9.你会在休假之前先赶完预定的一切工作吗?

10.与别人闲谈时你总是提到自己关心的事吗?

11.让你停下工作休息一会儿时你会觉得浪费了时间吗?

12.你是否觉得因全身心投入工作而无暇欣赏周围的美景?

13.你是否觉得宁可务实而不愿从事创新或改革的事?

14.你是否尝试在时间限制内做出更多的事?

15.与别人有约时你是否绝对遵守时间?

16.表达意见时你是否绝对握紧拳头以加强语气?

17.你是否有信心再提高你的工作效率和工作成绩?

18.你是否觉得有些事等着你立刻去完成?

19.你是否觉得对自己的工作效率一直不满意?

20.你是否觉得与人竞争非赢不可?

21.你是否经常打断别人的话?

22.看见别人迟到时你是否会生气?

23.用餐时你是否一吃完就立刻离席?

24.你是否经常有匆匆忙忙的感觉?

25.你是否对自己近来的表现不满意?

如果有13题以上的回答为“是”的话,你就有必要改变自己的生活习惯,适当放慢自己的生活节奏。

2.影响心理健康的职业因素

(1)疲劳。铁路职工作为一个特殊的职业群体,由于其工作性质、工作环境等方面的特殊性,高速度、快节奏的运输方式,环环紧扣的工作流程,稍有疏漏就可能酿成大祸的神经紧张,容易导致职工身心疲劳。尤其是高铁人员,长时间在高速度运行条件下工作,更容易造成职业紧张,形成生理和心理疲劳。如果职工的身心疲劳长期得不到调整和疏导,则会成为铁路运输安全的隐患。

(2)失衡。铁路职工承受着工作压力和超劳超时,如果苦有所值、累有所报,也可以得到一点精神安慰，但是，社会和大众往往忽略这些，更多地关注铁路职工做得是否周到，服务是否优质，如有不到之处，便引起社会舆论的指责。这种无奈与尴尬造成职工的心理阴影，在付出中容易出现心理失衡。

3.影响心理健康的社会因素

（1）急剧的社会变化。中国三十多年的改革发展，经济体制深刻变革、社会结构深刻变动、利益格局深刻调整、思想观念深刻变化，急剧的社会变化给人们带来了巨大的外部刺激和挑战，心理问题也随之纷繁而至。

（2）多种价值观冲突。经济社会的变化自然带来了思想观念的变化，在今日中国存在各种各样的价值观，传统的、现代的，东方的、西方的，革命的、改良的，宗教的、世俗的，进步的、落后的，无私奉献的、利己自私的……面对多种价值选择，价值取向模糊的人内心最为冲突。有冲突就有焦虑，个体价值观问题会诱发心理问题。

（3）网络及新媒体的影响。随着互联网使用的普及以及新媒体越来越丰富，铺天盖地的信息对铁路职工尤其是青年人的心理健康影响越来越大。如果辨别力弱、缺乏辩证思维，容易感到混乱、茫然、疑虑，久而久之，则会出现适应不良的种种反应。

四、关注心理，阳光铁路

（一）培育精神健康

观念决定行为，培育和维护铁路职工的心理健康，不能忽视健康概念的新发展，需要重视精神健康，包括滋养心灵的个人信仰、道德健康、精神生活充实、有爱心和责任感。其中，道德健康无疑是重要的方面。

道德健康主要包括以下内容：不以损害他人利益满足自己的需要；有辨别真伪、善恶、荣辱、美丑等是非观念；能按社会认为规范的准则约束自己的言行；能遵章守纪；能为人们的幸福做贡献。

1.重视道德修养

道德健康是心理健康的内在前提这一命题的提出，实质上扩大了心理健康的内涵，我们在关注自己身体健康的同时，也应该常去审视一下自己的内心，培育自己的道德健康。因此，职工需要关注心理，提高心理健康水平，重视自身的道德修养。

巴西医学家马丁斯经过10年的研究发现，屡犯贪污受贿罪行的人，易患癌症、脑出血、心脏病、神经过敏等病症。一个人会因为做了恶事而精神压抑、心理失衡，以至于身体失调、生病。有些所谓心理稳定的人做了错事，也会有恐惧心理，因为人作恶之后唯恐遭到惩罚，这种精神负担必然引起神经中枢、内分泌系统的功能失调，干扰其各种器官的正常生理代谢过程，削弱其免疫系统的防御能力，最终在恶劣的心境重压和各种身心疾病的折磨下，或早衰或丧生。而那些为善者，“心无挂碍，故无恐惧”，良心安宁，身心俱安，心理平衡，从而增强机体的免疫能力。

中国传统文化道德观的资源非常丰富，其博大精深的思想不仅养生健身，也内含着一种自觉的信仰，约束自己的行为，有利心理平衡。《黄帝内经》里的“饮食有节，起居有常，劳作有序”，使人“形与神俱”以及合于四时变化而规范起居等的论述，既是医术，又是道德观。儒家道德中的“仁”“义”等主张，对养生价值有一定积极意义，而且超出了个人的局限，更多了一份社会责任与信仰的自觉。

「故事分享」

“四知”境界

杨震是汉代华阴人，通晓经文，风雅清正，志存高远，人称关西孔子。他曾推荐“贤人”王密做昌邑县县令。一次，杨震因公事路过昌邑县，当晚下榻于馆驿。夜深人静之时，王密怀揣十斤金子前往馆驿相赠，以谢杨震知遇之恩。杨震说：“故人知君，君不知故人，何也？”意思是说，我们是老朋友，我了解你所以才举荐你，你为什么不了解我呢？王密说：“暮夜无知者。”杨震说：“天知，神知，我知，子知，何谓无知！”王密非常惭愧地离开了。

王密送给杨震金子，并不是贿赂，只不过是为了感谢过去的知遇之恩。可是杨震认为，以前自己举荐王密，是出于对王密才能的了解，而不是私人交情，所以不能接受回报。面对王密“暮夜无知”的提示，杨震提出了有名的“四知”，表示其实根本不存在无人知道的事情，至少天、神和当事者本人是知道的。

“四知”，使杨震做到俯仰无愧的境界。清代的思想家吕坤从这则故事中引申说：“‘暮夜无知’，此四字百恶之总根也。大奸大盗，皆自无知之念充之。”所有的恶念，都是从“反正别人也不会知道”这种想法中生出的。那些大奸大盗干坏事的时候，都自以为别人是不会知道的。这样一种侥幸心理催生的不仅仅是“大奸大盗”，更多的是一些不遵守规则、不讲究公德的小动作，可是恰恰是这些小动作，对社会的危害更大，也更能反映出一个人的品质和修养。

2.构筑安全信仰

所谓信仰，是指对某种主张、主义、宗教或某人极度相信和尊敬，拿来作为自己行动的指南或榜样。由此可见，凡是对某一事物怀有强烈的信念均可称之为信仰。安全是铁路永恒的主题,居于基石的地位。我们认为,对安全的认识应该上升到信仰的高度,安全关乎人的生命和健康。信仰安全,就要崇尚安全,尊重安全,对安全怀有敬畏之心,把安全作为行为的态度,把安全作为行为的准则。

「案例链接」

"毫米不差"的王小福

王小福是兰州铁路局兰州西工务段北线车间副主任,曾荣获全路标杆班组长,是对线路设备检养修"一口清、一口精、问不倒、难不倒"的全路技术能手。"毫米不差"是王小福长期坚守的标准。有一次,他用道尺量了刚维修过的道岔,结果轨距与验收标准差了1毫米。"不就差1毫米吗?"听着一旁的职工嘀咕,他当时就火了:"差1毫米,火车就有可能出轨!"他非常坚定地说:"只要我在岗,毫米不差的标准就是不能变!"有人问他:"给你的人力、物力没有增加,而你的线路质量却越来越高,到底有什么秘诀?"王小福憨憨一笑:"哪有什么秘诀,线路质量就是我们的命根子,我就是带领大伙一点一点地干,干好了心里才踏实。"工作中一副"铁面孔"的王小福,班组管理中却是个细心人,坚持做到"两谈两必访",工区职工谁的情绪反常了,谁违章违纪了,他会单独谈心;谁的家庭有矛盾了,谁的家庭有困难和婚丧嫁娶事了,他会带领大伙去帮忙。在他的努力下,编组场站线工区安全生产好,职工凝聚力强,多次被铁路局和兰西工务段评为先进班组,他也于2013年4月被破格提拔为车间副主任。

(二)养成良好习惯

心理学上有一个习惯效应,说的就是习惯对我们有极大的影响,因为它会在不知不觉中,长年累月地影响我们的行为。

「案例链接」

于娟:活着就是王道

于娟,复旦大学优秀青年教师,海归,博士,一个两岁孩子的母亲,因患乳腺癌在32岁时去世。在治疗期间,她开设了一个博客,名字叫"活着就是王道"。在这本"生命日记"里,更多的是回顾自己短暂的一生,反思自己的生活方式。

"我想我之所以患上癌症,肯定是很多因素共同作用累积的结果,但是健康真的很重要,在生死临界点的时候,你会发现,任何的加班,给自己太多的压力,买房买车的需求,这些都是浮云,如果有时间,好好陪陪你的孩子,把买车的钱给父母亲买双鞋子,不要拼命去换什么大房子,和相爱的人在一起,蜗居也温暖。"这是于娟"生命日记"中被网友转载率最高的段落之一。

"我希望更多的人看到后能对自己有所启发,更关心自己的身体,了解生命中最重要的东西是什么，就足够了。”

于娟经常熬夜的生活习惯，不合理的饮食方式，给自己太多压力，都会让同样背负生活工作压力的你我深思。世界卫生组织研究结果显示，人的寿命60%取决于自己，15%取决于遗传，10%是社会因素，8%是医疗条件，7%是气候影响。大量临床医学实践表明，大多数人通过防患于未然的自我保健、控制危险因素、养成良好的生活习惯等，能在很大程度上管理好健康。

亚健康也与饮食结构和生活习惯有重要关系，比如摄取的维生素减少、脂肪含量增高、生活不规律、运动与休息安排不当等。另外，吸烟、酗酒以及环境污染也是重要的外因。要防止过早地出现亚健康现象，就要从青年期开始预防，即养成健康的生活习惯。

1.合理饮食

什么都吃，适可而止。因为饮食是一种文化，也是一种享受。什么都吃，什么营养都有。适可而止，即吃饭七八分饱。

「知识拓展」

哪组猴子高寿的多

100只猴子随他吃饱，另外100只猴子吃七八分饱，定量供应。结果，随便敞开吃饱的这100只猴子10年下来，胖猴多、脂肪肝多、冠心病多、高血压多、死得多，100只猴子死了50只；而只吃七八分饱的另外100只猴子，苗条、健康、精神好得多，很少生病，10年下来死了12只。这就证明，高寿猴子都是吃七八分饱。

七八分饱有两个标准：体重、腰带。腰带越长，肚子越大，脂肪越多，动脉硬化越快，心肌梗死、脑出血越多。腰带：男：二尺六（87厘米），不超过二尺八（93厘米）；女：二尺四（79厘米），不超过二尺六（87厘米）。

2.保证睡眠

睡眠占人生命近1/3的时间，五天不睡，人就可能丧失生命。睡眠作为人的生命必需的过程，是机体复原、整合巩固记忆的重要环节，是健康不可缺少的组成部分。国际精神卫生组织于2001年发起了一项全球性的运动，将每年的3月21日定为“世界睡眠日”，以引起人们对睡眠的重视。

那么，一个人一天有多少睡眠时间为好？睡眠时间的个体差异比较大，一般认为，成人每天所需的睡眠时间为7～8小时，但每个人又有所不同，有的人可能需要4～5个小时就够了，健康人中大概有10%属于这种情况，有15%的人睡眠超过8小时甚至更多。只要适合个人体质与习惯，短时间睡眠并不代表不正常，打盹可代替睡眠。总之，究竟每个人需要多少睡眠时间，个体差异很大，主要与年龄、性别、个人习惯、体质、季节、环境、职业类型等有关，而最为关键的因素是睡眠的质量。

3.适量运动

运动不仅可以促进生长发育、延缓衰老、提高生存质量，而且能够缓解压力，减轻焦虑和抑郁，增进人际交往，促进心理健康发展。

另外，正常的感情生活，如亲人之间、朋友之间的相互关心和爱护，对于人的心理健康也是必不可少的营养。

（三）学会调适情绪

良好的情绪是促进心理健康的一剂良方。心理问题，最主要的是情绪问题，情绪是可以调适的，情绪调适的关键是把消极转化为积极的能力。

古人有许多情绪调适的不错的例子。唐代诗人刘禹锡屡次遭贬，像一只破皮球被人踢来踢去，却依然豁达开朗。在北归京都的途中，他与白居易在扬州相会，白居易赠诗表示同情，而此时的刘禹锡却吟出了千古名句："沉舟侧畔千帆过，病树前头万木春。"使人顿觉其胸怀是何等旷达辽阔。苏轼屡遭挫折，但饮酒赋诗，不改乐观情怀，即使在政治上屡遭贬谪，父母、妻子相继亡故，与弟弟苏辙又天各一方的时候，他精神上虽然非常痛苦，思亲之情日甚一日，但最后还是以旷达的眼光去看待生活的磨难，宽慰自解，并给予人类以良好祝愿："人有悲欢离合，月有阴晴圆缺，此事古难全。但愿人长久，千里共婵娟。"至于他的"大江东去，浪淘尽，千古风流人物"，那种恢宏之气就更不待言了。

1.拥有积极心态

一个心理健康的人，其心理是和谐的。个人一旦受到了压力和挫折，就会打破原有的身心平衡状态。从生理上看，压力和挫折导致个人内稳态的破坏；从心理上看，压力和挫折会引起心理和谐的破坏，产生各种心身症状。我们要重新恢复内稳态和心理和谐状态，善于及时调整自己的心态是非常必要的。

「知识拓展」

幸福的公式

当代心理学告诉我们，幸福也是有指数的，这个总幸福取决于三个因素：一是一个人先天的遗传素质，二是环境事件，三是个人能控制的心理力量。美国著名心理学家赛利格曼提出了一个幸福的公式：总幸福指数=先天的遗传素质+后天的环境+能主动控制的心理力量。财富和成功不能永葆幸福，积极乐观的心态才是稳定的。

心态指人的心理状态，外显为一个人对生活和事物的态度。人生中有一些事情不是我们能够掌握的，不是我们能够预测的。你能够掌握的是什么？就是选择自己的态度。当遇到诸如生活困境、工作挫折、身体疾病等问题时，人们以积极乐观的态度还是以消极悲观的态度对待，其结果是不同的。

在一项研究中，用量表测出了两类典型的人，积极乐观者和消极悲观者，然后在这两类被试的皮肤表面放上一些微量的病原体（破伤风菌、腮腺炎菌、酵母菌），作为承受压力水平的指标。接着，让所有被试在很短的时间内完成一个不可能完成的任务。消极悲观的被试很快就放弃了，而积极乐观的被试则坚持到最后时刻。几天之后的观察发现，消极悲观者的皮疹反应比积极乐观者的反应要明显得多。这表明，积极乐观态度与良好的身体健康状况密切相关，而消极悲观态度则会有持续的心身压力反应。

英国作家萧伯纳说："人生有两大悲剧：一是没有得到你心爱的东西，一是得到了你心爱的东西。"周国平先生认为这句话的立足点是占有，所以才会有占有欲望未能满足的痛苦和已得满足的无聊这双重悲剧。如果把立足点移到创造上，以审美的眼光看人生，我们岂不可以反其意而另得一种生活哲学？人生有两大快乐，一是没有得到你心爱的东西，于是你可以寻求和创造；一是得到了心爱的东西，于是你可以品味和体验。

生活中，我们不可能事事顺心如意，难免会产生消极情绪。有时候，调整一下自己的态度，转变一下看问题的角度，我们的心情会大大好转。所以，调整心态最根本的是认知模式的调整，认知是指一个人对事件的解释、评价以及对事件所赋予的意义。每个人对事件的认知如何，会影响一个人的情绪和行为。

「故事分享」

从暴怒到气消

《庄子》中有一则故事：在一个烟雾弥漫的早晨，有一个人划着船逆流而上。突然之间，他看见一只小船顺流直冲向他。眼看小船就要撞上他的船，他高声大叫："小心！小心！"但船还是直接撞了上来，他的船几乎就要沉了。于是他暴跳如雷，开始向对方怒吼，口无遮拦地谩骂。但是当他仔细一瞧，发现是条空船于是气也消了。

为什么整个情绪和行为会发生转变呢？是看法变了。在很多时候，事情本身不会伤害你，伤害你的是自己对事情的看法而已，正如法国思想家蒙田说的那样："对人类最大的伤害，不是发生了什么事，而是我们如何去看它。"所以，在我们的工作生活中，要多角度地发现问题的积极意义，面对遭遇到的问题、困难、挫折、挑战和责任，从积极的方面去想、去做。

2.积极自我暗示

暗示是一种心理调节的方法。用通俗的话讲，所谓暗示就是不自觉地、下意识地受了自己或者别人言语行为的影响。受自己影响叫自我暗示，受别人影响叫他人暗示。这种暗示可以是正面的，也可以是负面的，有积极的心理暗示，也有消极的心理暗示。暗示具有重要的作用。

其一，暗示影响人们的心理和行为。心理学家谢里夫曾经做过一个很有名的实验。在实验中，他要求大学生被试对两段文学作品做出评价。他事先告诉学生们说：第一段作品是英国大文豪狄更斯写的，第二段是一个普通作家写的。而事实上，这两段作品都出自狄更斯。但受了暗示的大学生被试却对两段作品做出极其悬殊的评价，他们给予第一段作品宽容而又崇敬的赞扬，而对第二段作品进行了十分苛刻又严厉的挑剔。这一实验论证了暗示会极大地影响人们的心理和行为。

其二，暗示会引起人们生理变化。暗示的作用很奇妙，它除了能使人们的心理和行为发生变化外，还能使人的生理状况发生变化。在日常生活中常能看到，某些人服了假的安眠药也能安然入睡，因为他相信这药可以使他入睡，这就是“安慰剂效应”。

「知识拓展」

罗森塔尔效应

心理学有一个著名的法则，叫作“预言的自我实现”或“自我实现的预言”，又叫皮革马利翁效应或罗森塔尔效应。

1968年，美国心理学家罗森塔尔给加利福尼亚一所小学1～6年级18个班的学生做智力测验，然后他们给每个班级的老师发了一份学生名单，并告诉老师，名单上所有的学生是在班级前20%的，是会有更优异的发展可能的学生，并叮嘱老师名单不要外传。8个月后，这张名单上的学生，不但学习成绩都有了显著的进步，而且情感健康，好奇心强，敢于发言，与老师关系融洽。

难道心理学家真的能够预测学生的发展潜能吗？答案是否定的。罗森塔尔和他的助手只是想通过这个实验研究证明教师对学生的期望作用。实际上，名单上的学生是随机抽取的，平均智商相同，主要是老师受了心理学家权威的暗示，对名单上学生的态度不同，对他们充满了热情的期待，从而影响了对学生的看法和每个学生对自己的看法，最终真的实现了心理学家的预测。因而，后来人们就把教师对学生的期待被学生接受而转化为自我暗示，最终发生的自我实现的预言作用称为“罗森塔尔效应”。

积极的心理暗示是永远的动力。心理暗示原理告诉我们，平时我们对自己、对孩子、对同伴要多说积极的话，少说泄气的话，这样就能够给自己、他人一种积极的自我暗示，保持一种良好的情绪。

3.进行适当宣泄

一个人的情绪状态对工作绩效和生活品质有很大的影响，如果工作中能够积极、自信、热忱、快乐，这些积极、正面的情绪状态会使他们发挥最大的潜能；相反，如果带着烦恼、无聊、消极、挫折感等负面情绪状态工作，会使得他们的工作效率大大下降。一句话：心情处理不好，事情怎能做好？

「知识拓展」

“生气水”

美国生理学家艾尔马曾做过一个著名的实验研究，将人在不同的情绪状态下呼出的气体收集在玻璃试管中，冷却后变成水。实验表明：在心平气和的状态下呼出的气体冷却成水后，水是澄清透明的；在悲伤的状态下呼出的气体冷却成水后，水中有白色沉淀；在愤怒、生气的状态下呼出的气体冷却成水后，水变成深紫色，将其注射到小白鼠身上，几分钟后小白鼠死亡。

因此，在生活中遇到令人不愉快和烦闷的事情，要善于使不良情绪得到适当宣泄，高压锅的道理就是如此。当锅内压力超过一定的量，必须有一个安全阀来宣泄，尤其是具有C型人格倾向的人，最关键的一点是不要过分压抑自己的情绪，定期清理“情绪垃圾”。宣泄一定是适当、合理的宣泄，酗酒、滥用药物、吸烟、饮食过量、疯狂购物、找“替罪羊”等属于不适当的宣泄方法，可能暂时舒服，从长期看会使事情对于自己和别人来说变得更糟。适当宣泄就是既表达了情绪，不过分压抑自己，又没有给他人带来伤害。

「知识拓展」

你知道C型人格吗？

C型人格主要有以下三个特征：(1)过分压抑负面情绪。不善于表达或发泄诸如焦虑、抑郁、绝望等情绪，尤其是经常竭力压制原本应该发泄的愤怒情绪。(2)行为退缩。由于负性情绪不能及时宣泄，而导致一系列退缩表现，如屈从于权势，过分自我克制、回避矛盾、迁就、忍让、宽容、依赖、顺从，为取悦他人或怕得罪人而放弃自己的爱好、需要。(3)感觉无助、无望。C型性格经常因无力应付生活的压力，而感到绝望和孤立无援，往往表现出过分的克制、谨小慎微、没有信心等。具有上述性格特征的人癌症发病率是正常人的3倍以上。

适度宣泄没有一定之规，方法很多，如倾诉、哭、喊、写、独白、运动、打拳击、上网、看拳击比赛、升华等，不妨为自己寻找一个适合自己的排解不良情绪的方法。升华是最高水平的宣泄，用我们平常的话说就是变压力为动力。

4.学会放松心情

你听说过"巴乌特症候群"吗？那就是人一生都在拼命工作，突然有一天，就像马达被烧坏一样，失去了动力，陷于动弹不得的状态。其具体表现是：焦虑，健忘，与他人的情感投入低……究其原因，这是由于在现代社会中为求生存，人们奋力拼搏，耗尽了体力、精力等，精神得不到放松而导致疲倦的一种症状。

英国著名心理学家贝弗利说过："过度疲劳的人是在追求死亡。"有了紧张情绪、疲倦症状怎么办？需要放松，既能够全身投入工作，又能享受业余生活。

深呼吸法、放松肌肉法、想象法、健康的娱乐、培养生活情趣等，都不失为心身放松的有效方法。

5.不妨转移注意

转移就是让你走出去，把注意力指向别处，别老在那里想来想去。心理学研究表明：当一个人产生某种情绪时，头脑里就会出现一个较强的兴奋区，这时如果另外建立一个或几个兴奋区就可以抵销或冲淡这个较强的兴奋区。当自己心中怒火丛生时，当自己苦闷、烦恼时，不妨听听音乐、看看电视、翻翻画册、玩玩游戏、看场电影、参与体育运动等。

「故事分享」

爱地巴的故事

在古老的西藏，有一个叫爱地巴的人，每次生气和人起争执的时候，就以最快的速度跑回家去，绕着自己的房子和土地跑三圈，然后坐在田地边喘气。爱地巴老了之后，他生了气，绕着土地跟房子走三圈。有一次，他的孙子问他为什么这样做，爱地巴说："年轻时，我一和人吵架、争论、生气，就绕着房地跑三圈，边跑边想，我的房子这么小，土地这么小，我哪有时间、哪有资格去跟人家生气？一想到这里，气就消了，老了之后，生气时绕着房地走三圈，边走边想，我的房子这么大，土地这么多，我又何必跟人计较？一想到这，气就消了。"

此外，还可以到心理咨询机构去咨询。心理咨询和心理治疗与心理健康有密切的关系，是保持心理健康、促进人格发展的重要途径与方法。

（四）发挥组织作用

每个人都不是孤岛，关注心理，维护心理健康，除了个人的自我努力，组织的作用举足轻重(该内容详见本书第五章)。

第二章　心理问题知多少

心若改变，你的态度跟着改变；态度改变，你的行为跟着改变；行为改变，你的习惯跟着改变；习惯改变，你的性格跟着改变；性格改变，你的命运跟着改变。

——马斯洛

内心和谐是一种境界，更是一种能力。个人内心的和谐达成与环境的融洽相处，人生就会呈现完美的状态。

——心理格言

在全球，心理疾病逐年攀升。在欧洲，心理障碍是除心脏疾病之外的第一大疾病，高达27%的欧洲人在生活中的某一段时间都出现过心理问题。据欧盟统计，在欧盟国家中因心理障碍自杀的人每年达5.8万，比在车祸和谋杀案中死亡的人数还要多。心理障碍是造成欧盟国家职工缺勤、提前退休和申领因工丧失劳动能力补助的三大原因之一。有调查显示，中国心理疾病的发病率已经超过了心血管疾病，高居首位（详见《心理疾病折磨全球十亿人》）。心理学家告诉我们，人们在生活中总是会碰到让自己不开心的事，不良情绪就会产生，如果不良情绪积累过多，又得不到及时的释放，一旦超出了人的承受极限，心理问题向恶性方向发展，人就会患上轻重不同的心理障碍。失控的情绪向内，严重的就会去自杀，而失控的情绪向外，有时会表现为破坏甚至反社会。

心理疾病由心理问题而来，越来越多的心理问题在得不到个人充分警惕和心理医生专业疏导的情况下多转换为心理疾病……

那么，什么是心理问题？心理问题可怕吗？心理问题由何而来？有了心理问题怎么办？

一、直视心理问题

(一)你我都有心理问题

所谓心理问题,也就是心理失衡,是正常心理活动中的局部异常状态,不存在心理状态的病理性变化,具有明显的偶发性和暂时性。

心理问题存在于人生的每一个阶段,尤以情绪问题最为常见。每个人在成长的不同阶段,在工作生活的不同方面,都可能遇到这样或那样的问题,都可能遇到种种不幸与挫折,若意志不坚,心理脆弱,心理活动变得相对失衡,都可能产生心理问题。人同此心,概莫能外,每个人都可能在内心潜伏着心理的脆弱。从动态的角度理解心理问题的概念,心理的"正常"和"异常"之间并没有明确的和绝对的界限。一般认为,人的心理及行为是一个由"正常"逐渐向"异常",由量变到质变,并且相互依存和转化的连续谱。因此,生活在现实社会的每一个人都存在一定程度的心理问题,即人的心理问题是普遍存在的,只是程度不同而已。

关于心理问题的等级划分有不同的表述,这些分类也没有绝对严格的区分标准,综合分析这些等级区分,根据严重程度,心理问题可分为三个层次:心理困扰、心理障碍和精神病。

心理困扰最轻,是人们经常遇到的各种适应问题、应激问题、人际关系问题等引起的轻度心理失调,有一定的焦虑、抑郁。例如,让某位职工去做一件艰苦的事,目的是考察锻炼他,他可能会想:为什么偏偏让我去做。如果在一段时间里总是在想,甚至做其他事情的时候也在想,这就是心理失调了。比心理失调程度再深一点的就是心理障碍。还是这个例子,如果该职工越想越来气:为什么对我有偏见,越对我有偏见,我越给你干不好。结果不仅这件事情没做好,其他事情也照样做不好,这就可能是一种心理障碍了。心理障碍主要指心理功能紊乱,并达到影响个体的社会功能或使自我感到痛苦程度的心理问题。最主要指神经症、情感性障碍、人格障碍和性心理障碍等心理活动中出现的轻度心理创伤,是在特定情境和特定时段由不良刺激引起的心理异常现象,属于正常心理活动中暂时性的局部异常状态。精神病与前面两种心理问题不同,精神病是指人脑机能活动失调,一般不自知,不能应付正常生活,不能与现实保持恰当接触的严重的心理障碍。精神病的种类很多,常见的主要有精神分裂症、情感性精神病、偏执型精神病和反应性精神病等,需住院治疗。

可见,心理问题演变是一个有序递进的过程。因日常琐事、工作生活压力等产生的心理问题,即轻微的心理失调,如果得不到及时解决,会逐步发展为心理障碍,如果还得不到解决,加之医治不及时,最终会导致精神疾病的发生。

(二)有心理问题不等于有精神病

提起心理问题,很多人认为存在心理问题的人就是精神上"有毛病",当我们说某某有心理问题时,有人就会想某某有精神病,甚至产生歧视和恐惧。这是对心理问题的一种误解。

我们在生活中常常遇到一些令自己心生烦恼的问题,比如学习问题、人际交往问题、恋爱问题、婚姻问题、家庭关系问题、子女教育问题、职业选择问题等,这些问题都是我们正常人生活的一部分,如果程度较弱,持续时间较短,对人的生活和情绪状态有一定的负面影响,则比较容易通过自我调适和适当的心理疏导得到恢复和矫正。当遇到的问题造成个人或是周围人较长时间的痛苦或烦恼,以至于影响了自己的心情,影响了生活、工作与学习,比如一个人考试不及格后,从此失去了信心,对考试害怕或是逃避,以至于成绩更为下降,成绩越差,就会越害怕考试,如此循环,他自己也烦恼万分,这时就要"寻医问药"了。但是,精神病患者都不会认为自己有问题,缺乏"自知力"。精神病是指严重的心理异常,是精神病性的精神障碍,患者通常严重缺乏自知力,不能应付日常生活需求,不能保持与现实的恰当接触。

现在人们普遍会出现一些心理障碍的症状,只要及时诊治,绝大部分都能治好,但若延误发展成为重度精神病,便难以治愈。

「知识拓展」

病与非病三原则

心理学界与精神病学界普遍公认的判断患者是否有精神疾病的"病与非病三原则":

第一,主观世界和客观世界统一性原则。也就是患者是否出现幻觉,如幻听幻视等。

第二,精神活动内在协调性原则。通俗说法就是对某件事有正常反应该哭的时候哭,该笑的时候笑。如果不是这样,那就是有病了。

第三,个性的相对稳定性原则。就是说,没有外界重大变革的时候,患者是否性格大变,是否行为混乱,知、情、意是否统一。

(三)心理问题可怕吗

心理问题就像生理疾病一样,本身没什么可怕,甚至就像我们稍不小心就得上感冒一样平常，经过自我调适、心理咨询或者治疗，都可以恢复健康。

但是，在现实生活中，生理疾病由于有比较明显的症状使得我们无法或者不愿意忍受，从而产生强烈的求治动机。而对于心理问题，我们往往会因为误解、偏见等各种原因而拖延治疗。更为严重的是，很多人其实不知道自己有心理问题，很多心理问题的症状会被忽略，往往到发现时已经情况很严重了。举个例子，如果你突然心悸、出汗、头晕、口干舌燥，到医院检查后，并没有发现身体其他方面的问题，你会想到这些症状可能和心理问题有关系吗？这可能是惊恐发作（焦虑症的一种）。

其实，心理问题对人的生活、工作和家庭的影响大大地超过生理疾病的影响，严重地影响着我们的生活质量。比如，在日常生活中，我们常听到“抑郁症”“焦虑症”“强迫症”，就是几种常见的心理障碍。

抑郁症也被称为“心灵感冒”。抑郁症作为一种很普遍的心理症状并没有引起人们足够的重视，当很多人患上抑郁症的时候往往还不曾发觉，他们也就长期笼罩在抑郁的阴影中无力自拔，不能积极主动调整自己的心态，从而给自己的生活带来了严重的影响，给亲人造成巨大的痛苦。抑郁症的表现是多方面的，但归纳起来，主要表现为心境低落、思维迟缓和意志减退的症状，总以“灰色”的心情看待一切，对什么都不感兴趣，自罪自责，内心体验多为不幸、苦闷、无助、无望的感受，总觉得活着没有什么意思。如果对抑郁症置之不理的话，后果会很严重，自杀者中有相当一部分的人患有抑郁症。

焦虑症是现代社会的一种“文明病”，生活节奏越紧张，焦虑就会越多。焦虑是一种不明原因的害怕，是不能达到目标和不能克服障碍时表现的紧张不安、心烦意乱。现在很多人可能就处在焦虑中：孩子面临升学，刚刚受到领导的一顿批评，明天不知还在不在此位置上……事实上，焦虑感并不是坏事，适当的焦虑能够使人保持生存的警觉性，会激发人内在的潜能。但如果长时间处于焦虑中不能自拔，就会扰乱人们的正常生活。焦虑症通常表现为坐立不安，并伴有身体不适感，如出汗、口干、心悸、嗓子有堵塞感、失眠等。大家都很熟悉的杞人忧天的故事，主人公因为整天担忧天要掉下来，焦虑紧张，坐卧不安，仿佛自己随时都能葬身于这场灾难之中，故事的主人公就具有焦虑症。

生活中有许多人都具有强迫现象，比如总在担心屋门是否忘记锁了？煤气（煤气开关）是不是没关好？甚至会因此回家检查。如果这种现象只是轻微的、暂时的，对自己的生活没有太大的妨碍，就不算病态，也不需要治疗，不用去管它。如果强迫症状出现的次数比较频繁，干扰了正常的生活，对工作和学习有了很大的影响，明知道没有必要，但不能自我控制和克服，感到痛苦，就需要去治疗。一般认为，强迫症与完美主义有关。

「知识拓展」

是什么影响了你的正常生活？

当下列一条或一条以上的症状持续存在影响正常生活时，就应该考虑去进行心理咨询和治疗了。

1.经常对病菌和各种疾病敏感。

2.经常反复洗手而且洗手的时间很长。

3.有时会毫无原因地重复相同的话语好几次。

4.觉得自己穿衣、清洗、吃饭、走路时要遵循特殊的顺序。

5.经常没有必要地反复做某种事情。例如：检查门窗、开关、煤气、钱物、文件、表格、信件等。

6.对自己做的大多数事情都要产生怀疑。

7.经常不自觉地去想一些不愉快的回忆和想法，使人不能摆脱。

8.经常认为自己的细小的差错就会引起灾难性的后果。

9.时常无原因地担心自己患了某种疾病。

10.时常无原因地计数或多次吟唱某一段歌曲。

11.在某种场合，很害怕做出尴尬的事。

12.当看到刀、匕首和其他尖锐物品时会感到心烦意乱。

13.为要完全记住一些不重要的事情而困扰。

14.有时会毫无原因地破坏某些物品，或伤害他人。

15.在某些场合，即使当时生病了，也想暴食一顿。

16.当听到自杀、犯罪或生病这类事情时，会心烦意乱很长时间，很难不去想它。

（四）心理问题的根源——心理冲突

心理学本从哲学中派生而出，哲学动态平衡理论是对一切心理问题最为根源性的解释，也是从更高的境界和视角对心理问题的解读。矛盾学说是哲学对世界与人生的基本解释之一，四季轮回，生命不息，矛盾是这一切现象的基本特征，矛盾无时无处不在，矛盾就是相互依赖与相互对立的状态，矛盾是动态永恒的。太阳每天从东边升腾，累年不改其性，春日万物复苏，恒久不变其信。四季轮回，斗转星移，有动有常，这就是矛盾的动态平衡。世界万物皆遵循这些规律，人岂能例外，所以说人离不开矛盾，适宜的矛盾状态是动态的平衡，动态的平衡也就是我们说的和谐状态。和谐的状态也就是正常的状态。

与心理和谐相对，心理冲突则是矛盾处于极端化时个体心理与对象处于一种异常、紧张、对立的状态。大家都明白，我们每个人都是处在我与自我、我与社会、我与自然的矛盾关系中的，这些矛盾关系就是我们每个人的基本生活内容。生活就是矛盾，没有矛盾的世界和生命是不可以想象的。按哲学社会学的划分，任何个人都可分成"主观的我"和"客观的我"，"主观的我"也就是思考着的当下的"我"，还有一个是既定的、社会既有角色的"我"，也就是人们常说的"客观的我"。"主观的我"是活跃的，时时刻刻都处于思考和行动之中，"主观的我"时时为自己短期和长期的目标而行动与思考，但由于"主观的我"自我认识的偏差，如过度放大自己的能力和本领或自轻自贱，都会与"客观的我"处于相分离的状态，从而产生两个"我"之间的冲突，还有个体与环境、个体与社会的矛盾引起的各种冲突。如果这些冲突极端化，个体内心就会产生各种心理的异常，这些异常的心理变化，我们称之为心理问题，所以说心理冲突是产生心理问题的根源。

我们生活在这个纷繁复杂的世界，人与自然、人与环境、人与社会、人与他人发生种种冲突是难免的，产生心理问题同样也是难免的。所以，心理学家们常说，最终解决心理问题就是要化解心理冲突保持心理和谐。和谐是相对平衡，和谐是审美，和谐的自然是最美的，和谐的人生是灿烂的，和谐的自我是优雅安逸的。

二、心理问题的社会探因

人类的心理问题古已有之，不足为奇。随着社会发展，人的心理问题也随之演变，心理问题越来越普遍，越来越复杂。为解决由心理问题产生的种种个人困惑和社会问题，一些思想家、科学家还有医生开始关注人的心理问题，展开广泛的心理研究，心理学应运而生，专门研究人类心理问题的心理学科终于从哲学中分离出来，成为独立的学科。当人类进入20世纪，人们心理问题变得更加突出，以致成为影响人类生命的第二大疾患。在进入全面信息化的新世纪，人们的心理问题有增无减，到底是什么原因致使心理问题成为人们正常生活的严重威胁呢？这得先从心理问题的历史演变谈起。

（一）心理问题随人类文明的发展而变化

人，来自于自然，存在于社会。人的心理状态与社会的变化紧密相关。

所谓心理问题，就是心理失衡的状态。人的心理为什么会失衡？这既有个体的生理原因，也有个体的心理原因，还有社会环境的影响。从哲学社会学的角度看，其中社会环境的因素是更为本质的原因所在。人都是社会的人，人的心理状态、思维方式、行为取向都离不开社会这个基础背景。如果我们脱离社会背景来谈人的心理问题，脱离人的社会属性，脱离人的情感、意识、意志，那么人只有生物学上的意义，也就是把人停留在灵长类动物的层面，在这个层面研究人的心理问题，无法说明人的心理问题的复杂性。因此，要想从更为根本的层面上说明人的心理问题，考察人的心理问题变化的方向，就不能不首先说明人类社会演变与人的心理之间的深刻联系。

从人类文明进化来看，当人类处在原始蒙昧时代，人们以洞穴为居，以天然的果实和野兽为食，生产方式极为简单，部落组织就是一个相亲相助的大家庭，生产方式的简单与社会组织的简单使人们心理状态呈现出一种自在"无为"的状态。这样，所谓心理问题自然也不多，人们质朴的心理同自然浑然一体。

农业文明时期农业是全社会的主导，社会组织活动与制度安排也是围绕农业生产方式而设计，田野上耕作的农民春种、夏管、秋收、冬藏，日出而作，日落而息，生活与生产依天时而行，即所谓农业文明是一种"简约生活"。所谓简约，就是与自然相依，与自然合拍的生产生活节奏。虽然农业文明比原始蒙昧时期的人类社会组织与心理矛盾要复杂，但与现代社会相比，农业文明"顺天而行"的社会生产与社会组织还是非常简单的。农业文明时期，人们与自然的关系紧密，而非家庭关系的人与人的联系相对松散，大家都知道，人际关系越复杂，心理问题也就越复杂、越多。农业生产的简单化，决定了农业文明时期心理的简单化，心理的简单化也就决定心理问题的贫乏。

工业文明的到来，打破了人与自然节奏同步的宁静，工厂的出现、机器的广泛使用大大改变了生产方式和人们的生活节奏。从此，人类社会进入了"背天而行"的时期。原先人们以农为生、顺天而作的生活方式渐渐成了被尘封的历史。大量的农民离开了采菊东篱、饮马泉溪的自然生活状态，被扔进了厂房车间，成为大机器生产车间里一个会说话的"工具"，顺天而行的个体逐渐丧失了合于天道的自由，人的行为与心理被束缚在工业生产的人为秩序中。人类的生产方式更加丰富了，生产效率大大提高了，可这一切都是以打破人与自然和谐的状态为代价的。比如，电的发明，颠倒了乾坤，顺应自然规律本该休息的深夜，我们却看见生产车间的灯火通明，本该熟睡的三更时分我们依然可以听见KTV包厢传来的嘶哑歌声，这种与天道自然相悖的生产生活方式怎么能不让人心生变异。工业生产能力的增强，工业产品的多样，社会财富的激增，以前所未有的强度刺激着人们对物质的占有与对财富的渴望，心理问题怎么会不"五彩纷呈"？

以人与自然的关系为例，情随境迁，意随情转，"喜柔条于芳春，悲落叶于劲秋"，人的心理心境随自然而变，何以冲突？工业文明的出现撕裂了人与自然这种和谐共处的状态，人与自然关系开始了前所未有的紧张。工业文明对自然强暴式的野蛮掠夺，让自然与人类疏离而对立，工业文明对自然破坏造成的恶果，不用笔者赘述。人类与自然从疏离到对立使人类的心理问题增多，才是笔者要警示于读者的结论。

当人类进入信息化时代，改变自然的威力更加强大，社会组织更加复杂，人与人的社会交往方式出现了颠覆性的变革，人的行为方式与生活方式随之出现巨大的改变。相应人们心理行为活动的背景环境也前所未有的复杂，社会心理问题以几何数倍增也就理在其中，心理感受的复杂性与心理问题的增加成正比。

大凡宇宙万物，都存在着正、反两面，所以要养成由后面、里面，甚至是由相反的一面，来观看事物的态度。

（二）心理问题因城市化而加剧

据中国新闻网2013年1月7日报道："中国社会科学院社会学研究所和社会科学文献出版社在北京联合发布社会心态蓝皮书——《中国社会心态研究报告（2012—2013）》。蓝皮书调查结果显示，北京农村户籍居民心理健康水平高于城镇居民。"

在心理问题多发的现代社会，人们有没有注意到一个现象：在一般情况下，生活在都市里的人们心理问题依然要比传统农村生活方式的比例相对要多一些，城市规模越大，发展水平越高，这种现象越严重。随着工业化水平的不断提高，城市人口将越来越多，在发达国家农业人口还不到20%，大规模的城市化带来的是城市病的蔓延，城市病中就包括人们心理问题的多发。

与工业化相伴随，必然是城市化规模的扩张。农业文明时期，城市人口与规模相对工业化时期要小得多，城市的功能仅仅局限于简单的行政、一般的商业和粗陋的作坊式作业。工业文明以来，城市随着工业化不断扩张，城市人口激增，城市功能更加复杂化。城市人口的剧增与城市人口的流动打破了过去相对稳定凝固的市民交往方式，而呈现出人际交往的多样性与复杂性。在貌似联系多样便捷的都市人交往联系中，我们看到的却是都市人情感交往的冷漠和疏离。在都市生活的人们，不像在农村生活的人们那么简单，在农村，人们的生产活动主要是面对土地，人们要想获得丰硕的收成主要是处理好人与土地（自然）的关系，而不是把精力主要花在人与人的关系处理中，人与人的关系也仅限于村社家族，而且在农村，人与人的关系主要是生产相帮、生活相助。城市则不一样，随着工业化、信息化、城市化的发展，城市的分工越来越复杂琐碎，在城市生活的人们一刻也离不开面对复杂多样的各种关系：工人不仅要面对机器，还要面对领导、同事，市民不仅要面对家人，还要面对各种社会组织。生活在城市，我们无时不被包围在复杂烦琐的各种关系中，城市的繁华不断勾起人们贪婪的欲望，城市的嘈杂让人们不得片刻的宁静，丰富的商品让人们占有欲大增，商家的诡诈消磨着人们的诚信，各类明星的辉煌人生扰乱了少男少女青葱萌动的心……

在这种纷乱繁杂的都市生活的人们，心情不得平静，心理难得安宁，心理问题不多才是天下的怪事儿。进入全面信息化的都市，我们看到的是来去匆匆的行人，你和我是那么的近，又是那么的远，近在距离，远在心灵；在钢筋水泥丛林中的都市人，多年面对面的邻居却不知其主人何姓；互联网彻夜交心的网友却不知其容。是这个世界陷入了迷茫，还是人们让信息化带入了迷茫。迷茫带来了心理的焦灼，迷茫带来了身处人群中的孤独……

(三)心理问题因过度竞争而增多

自改革开放以来，我国逐渐进入了社会主义市场经济历史阶段，人们的社会生活与市场经济紧密联系在了一起。竞争，是市场经济的基本特征，随着市场经济的深入发展，竞争的领域也不断扩大，从生产领域到商业领域再到教育和就业领域等，在市场竞争氛围日益加剧的情况下，社会生活发生着深刻的变化。竞争，让我们的生活丰富多彩；竞争，让我们工作生活的节奏不断加快；竞争，让我们感受到前所未有的紧张和兴奋；竞争，让我们充满了希望也带来了困惑；竞争，让我们过去平静的日子走到了尽头；竞争，让我们内心发生着颠覆性的震荡……整个社会充满了对竞争成功者的崇拜，以对金钱和权力的掌握成为衡量成功与否的标志的所谓的成功学充斥社会。“竞争”成为人们崇拜的成功哲学，人们热衷于用充分竞争来促进各个领域的发展，竞争的领域扩张到了社会生活的各个领域：家长遵循不能让孩子输在起跑线上的信条，孩子们课外还要学习各种特长，幼小的身心经受着超限的折磨；中考、高考的压力更是让无数的少男少女们失去了洒脱烂漫的青春，伴随他们青春的是烦恼与焦虑；无数的厂房车间引入近乎苛刻的竞争机制，人们在压力重重的工作中因过度紧张而抑郁寡欢……

竞争的普遍化还带来了另一种普遍的心理——攀比心理。生活中，正常的人们多少都有些攀比与虚荣的心理，适度的攀比与虚荣心本可以是提升人们奋斗与追求的动力。可社会竞争的过度激烈与普遍化，不断加剧人们攀比无度、虚荣至极的扭曲心态。比如，为拥有体面的住房，有多少人要忍受着甘当房奴的心理折磨；“宁可在宝马车里哭，也不愿意在自行车上笑”的宣言让多少女人从虚荣走向了心理的扭曲。

在古代虽然竞争不够普遍化，但局部的竞争也表现了竞争引发心理变异的特点。中国古代竞争激烈的主要是官场与科场，官场之竞争，除正常的业绩之争之外，暗中的竞争更为重要，为竞争，人们尔虞我诈、钩心斗角，表现出人的虚伪自私，官场中人不少人格分裂、心理病态。科场，即科举考试，科场的竞争让众多的学子身心憔悴、心理成疾，如《儒林外史》中的范进。由此可见，不论古今，凡是过度竞争的领域都会给人们带来过度的心理压力而发生心理问题。

(四)心理问题因道德建设的缺失而多发

社会的进步本来应该是全面的、整体的,也就是说,物质文明与精神文明应该是相互协调的共同进步。但历史从来都不是均衡发展的,有个普遍的现象,就是当社会处在急遽变化或者生产力转折性发展的时期,社会发展与社会伦理会发生剧烈的冲突。比如,私有化的奴隶社会结束了原始社会,同时也终结了原始社会人们平等互助的质朴生活状态,自私贪婪的欲望冲击着人们纯朴真诚的美好品性;资本主义的发展创造了人类有史以来最为辉煌的物质文明,可"资产阶级使人和人之间除了赤裸裸的利害关系,除了冷酷无情的'现金交易',就再也没有别的任何关系了。它把宗教的虔诚、骑士的热忱、小市民的伤感这些最神圣的情感,淹没在利己主义算盘的冰水之中。"(马克思,《共产党宣言》)这就是历史进步与伦理道德的"二律背反"。改革开放以来,由于放松社会道德建设,为了尽早实现发家致富的目标,一些人不择手段拼命谋取利益,肆意践踏社会道德,坑蒙拐骗、假冒伪劣充斥于市,社会诚信受到前所未有的冲击。金钱至上的观念侵蚀着人们的灵魂,即有的社会伦理心理在物欲横流的浪潮冲击下像秋风中摇曳的病树。

君不见,蜗居在昏暗密室的传销人员被洗脑到心理异常,为一夜暴富而不惜坑害至亲的家人与朋友、同事,道德感的缺失,让他们几乎没有了正常人的心理与情感;君不见,推销人员为骗得钱财,满嘴谎言,正常人的羞耻心在他们那里荡然无存,他们虽然是所谓的经济理性人,可已经没有了正常人的伦理心理与情感。

(五)心理问题因非理性社会思潮的泛滥而纷繁

随着社会生活变化节奏的加剧和西方现代非理性文化的渗透和影响,人们对生活的理解和追求也发生着重大的变化。整个社会涌动着反传统、反理性的思潮,人们不满足传统生活的呆板和平淡,内心充满了骚动和不安,以西方生活方式为楷模。大量西方的文化产品在市场上广泛流传,对西方的认识和学习从科学民主漫延到生活方式和价值观念,我们中国本土的传统价值观念和生活方式受到了前所未有的冲击,不同文化在社会巨变的过程中产生的冲突引起人们心理和观念的变化。两种不同的文化在急遽变革的历史时期相遇,让人们一时难以有清醒理性的态度去面对,内心里一方面有挥之不去的传统理念,一方面又不得不受到外来文化的刺激与冲击。

价值观念的传承性与外来观念的冲击交织在一起,人们的心理由骚动不安到焦灼迷乱,新旧观念的矛盾与冲突让许多人心理失衡,陷入盲目甚至倒错。例如,20世纪以来流行至今的"成功学"以其急功近利的价值取向引导着整个社会,在以经济为主题的社会氛围中，人们简单以财富的多寡与社会名誉为追求，追求财富、追求成功成为最大的人生目标。成功，人人向往，可什么是成功，怎样取得成功，却有不同的理解。传统理性的价值观，认为一个人是否成功在于其对社会的贡献多少，以自我的勤奋努力为成功的手段；而流行的成功观念不看过程和手段，看中的是结果。书店里大量成功学畅销书里的成功神话鼓动着人们的成功欲望和成功梦想，以财富为衡量成功标准的片面性，更加剧人们对金钱的崇拜。恶俗的成功学所举成功者榜样大多是商界富豪、财富精英，并称财富大佬为财富英雄，英雄这个充满伦理精神的概念为金钱所颠覆。人们在为追求成功而挖空心思，为成功而焦虑不安。

中国传统价值观念洋溢着伦理理性的光辉，在传统观念对人的评价坐标中，一个人的道德修养与对社会的奉献是主要的尺度，而流行于当下的社会评价则不然，更多是以能否“成功”、成名为尺度。“厚黑学”的流行更是无情的嘲弄道德，为渴望成功的扭曲行为披上低俗的外衣。可记得我们曾经有多少财富英雄因违法而锒铛入狱，又有多少人因成功梦而人性扭曲。一些演艺明星为博得人们的眼球，不惜自我假造绯闻，只为博得收视率与影响力，这正是价值观念内心冲突的极端表现。

三、铁路职工心理问题面面观

凡是生活在现实社会的人们，都有可能发生心理问题，铁路职工也不会例外。人们产生心理问题，都与之所生活与工作的环境条件和主体的态度相关。所以，分析铁路职工的心理问题应该与铁路行业所处的时代特点、工作特点相结合，与职工的社会交往、生活状态等这些因素相结合。

（一）铁路的行业工作特点产生的心理问题

心理问题的产生有复杂的主客观原因，所以，不同行业从业者都有各自不同心理问题产生的原因，铁路行业工作的特点主要表现是分散性与流动性。因而，分析铁路职工心理问题就得与这些特点相结合。

分散性是铁路行业的一个特点。城市和大地区繁华与舒适的生活对工作在沿线的职工充满着诱惑，一些职工由于工作在沿线，社会交往的缺失，逐渐形成了交往恐惧心理，孤独感让他们沉默寡言，精神脆弱的职工甚至转变为抑郁心理。现代通讯的发达与互联网的普及，虽然在技术手段上对化解沿线职工的心理孤独有一定的作用，可虚拟的交流与现实的交流毕竟有质的不同。工作在沿线的一些职工由于人际交往贫乏所引发的心理问题依然不同程度地存在着。

这种由于工作特点所带来的职工心理特点是客观存在的，只要我们正视它的存在，注重对职工的心理疏导和合理的制度安排，就可以很大程度解决沿线职工存在的心理问题。多年以来，全路各级领导通过不断加强文化线建设，提高沿线职工的工作与生活条件，丰富沿线职工的文化生活，已经大大缓解了沿线职工这些特殊的心理问题。

流动性是铁路工作的另一个特点。前几年，由于铁路站段合并改革，形成了铁路职工的大流动，一些铁路职工长距离跑通勤，部分职工因流动距离远而一周只能回家一次，周期性的疏离影响了夫妻情感、家人关系，职工与家庭、单位的矛盾有了一定程度的增加，由此给通勤职工带来的心理问题也有所增加。那段时期，有关铁路跑通勤职工与列车员和旅客之间的矛盾的新闻时有报道，这说明长期跑通勤的职工更容易产生焦躁心理，对于有焦躁心理的人，即使一些很小的事情也可能引起过度的心理反应。针对这种状况，铁路各级领导十分重视，做出了相应的调整，避免了这种状况的持续。所以，合理安排流动，尽量减少流动，才可能减少流动性职工的心理问题。

（二）铁路发展与安全要求提高带来的心理问题

随着铁路的快速发展，铁路工作高速度、快节奏的工作特点越来越突出。铁路的车、机、工、电、辆、供、调、客、货等各个部门，组成庞大的联动运转、环环紧扣的工作流程，稍有疏漏就可能酿成事故，这种工作特点容易导致职工的神经紧张和精神疲劳。特别是进入高铁时代，对铁路安全的要求更高。铁路职工安全压力更大，工作紧张度也不断加重。如果职工的心理负担难以得到有效的调整或释放，产生心理问题的概率自然就会提高。因此，更加合理地安排工作流程，不断提升设备的安全装备，严格安全管理的制度措施，提高安全技术的水平，对于缓解职工安全心理的压力、缓解职工神经紧张与精神疲劳有着重要的作用。

（三）铁路部门与岗位的复杂性带来的心理问题

铁路是个大联动机，运输生产部门分类多，工作性质不尽相同，车、机、工、电、辆、客、调、货、供各有不同。分工不同，工作的特点也不同，收入与工作条件也不尽相同，这就形成了内部职工之间的不平衡。其实，铁路内部不同部门、不同岗位因工作性质、工作强度、责任大小、分配方式的不同，呈现出不同的分配格局，是分配制度趋向合理的必然结果，如果职工看不到各自工作岗位的性质不同、长短之别，就容易造成不正常的心理反应。各级领导应该认真对待，一是要给职工讲清楚、讲明白不同岗位不同部门分配差异的理由，二是要不断完善科学合理的分配机制，三是要做好深入细致的思想政治工作，来化解职工心理的过度反应。

(四)职工个人生活变化带来的心理问题

前面主要分析了职工与铁路行业工作特点相联系的心理问题产生之原因。除此之外,职工个人生活中产生的各种矛盾也是职工心理形成的一个重要原因。从社会对职工个人的影响方面看:在社会观念多元化的当下,一些职工受某些错误思潮的影响而心灵扭曲,不能正确看待社会的急剧变化,产生各种变异的心理,面对一些消极的社会现象或抑郁,或不满,或愤懑,或迎合,观念与态度的变异往往会引发心理问题的产生。从职工个人生活来看,有的职工因家庭矛盾的纠缠而抑郁,有的职工因夫妻关系不佳而苦闷,有的职工因生活幻想过多无法实现而沉沦。特别是一些年轻职工,更容易受到流行观念的左右而产生焦躁、极端、冲动的心理,有的年轻职工因为感情受挫而神情恍惚,有的年轻职工不切实际的幻想太多,有的年轻职工因虚荣求利心切等原因带来一些心理问题。

个人生活中产生的心理问题往往与个人的价值观念与心态相关。这就要求单位要不断加强职工的思想教育,深入搞好思想政治工作和有针对性的心理疏导。心理问题多是由观念与心态的偏差所引发的,所以说心理的问题往往最后都可以在观念和心态中找到答案。我们应该坚持思想政治工作的优良传统,不断强化从观念层面解决心理问题的效果。

四、和谐心理,阳光铁路

莎士比亚曾说:“道德和才艺是远胜于富贵的资产。堕落的子孙可以把贵显的门第败坏,把巨富的财产荡毁,而道德和才艺却可以使一个凡人成为不朽的神明。”和谐是心理健康的根本特征。通过各种方式,强化自我调节,促进心理和谐,是建设阳光铁路的基本途径。

(一)不断提升修养境界

说到底,所谓心理问题的产生不过是主观的“我”与客观的环境之间的矛盾、自主的“我”与客观的“我”之间的矛盾、理想的“我”与现实的“我”之间的矛盾的结果。但是,环境不会因“我”的好恶而改变,客观的“我”只有通过自我的心理调节才可能达到与主观的“我”的平衡,理想的“我”要靠自己的踏实奋斗才可能实现。因此,所谓心理问题解决的根本,还在于自我从心理到意识再到观念的全面调节。

「故事分享」

谁输了

苏东坡与佛印和尚交情颇深，二人常喜欢斗嘴，言语相讽，各不相让。一日，东坡问佛印：“你看我像什么？”佛印答：“我看你像佛。”东坡暗喜，又问道：“你可知我看你像什么？”“像什么？”佛印赶紧问道。“像一堆屎！”佛印语塞，苏东坡哈哈大笑而去。回到家中，苏东坡高兴地将此事告知妹妹。苏小妹却说：“哥哥，你又输惨了。”东坡大惊，忙问为何。苏小妹说：“佛印师傅心中有善，于是看到你是佛，而你心中无善，只有屎，于是看别人才是屎！”

这故事告诉我们：心存善念，就可以发现美好；心存道德，便会施德于人。修养决定了人的心态。

1.培养超脱高远的胸怀

超脱高远的胸怀，不是一般人所能具有的，但我们每一个人都应该有积极向上、自重修养的努力。做人如逆水行舟，不进则退，正如司马迁赞美孔子时所说：“《诗》有之：高山仰止，景行行止。虽不能至，然心向往之。”就是说，高尚品德如巍巍高山让人仰慕，光明言行似通天大道使人遵循。虽然不能达到圣人那样的境界，但心里也知道了努力的方向。

一个人如果有大海一样的开阔胸襟，自然能容下天下难容之事；一个人如果有天空一样的高远情怀，自然能看淡人间的恩怨；一个人能看穿生命的真谛，就不会为一时的名利所累。民间俗语说，“万里长城今还在，不见昔日秦始皇”，这就是对生命超脱的一种通俗表达。文化修养并非只是指文化知识水平，中国古代追求学识与修养统一，对学习的要求是通圣人之道、学圣人之品、修圣人之德，追求的最高目标是成为一个内外兼修的君子，把提高人的道德修养和人生境界作为最高的目标。人的修养提高了，心理问题也就相应减少了。可现代中国教育背离了传统的教育宗旨，在工具主义流行的当下，学习就是为了掌握发财致富的本领、谋求生存的技能。也就是说，现代教育逐渐脱离了教育的主要目的之一是提高人的修养境界与道德品质。现代社会中，我们看到的是：学历高不见得修养就高，而修养不高的人，就不会有开阔的胸襟、高远的情怀和超脱的生命态度，反而因为有较高的学历获得了更多的信息，也增加了诱发心理问题产生的可能。有统计，大学生中患心理问题的人数处在逐步增加的状态，反过来，仅受过普通教育的人，由于知识和信息量的有限，想法和欲念都比较简单质朴，心理问题也就比高学历者要少一些。社会上流行一句话，“有知识不见得有文化，有文化不见得有知识”，就是指这种状况，知识多但不受修养的引导，就会生出更多的心理问题。文化修养也可以说是最朴素的信仰,有信仰,人就会在信仰的引导下追求超越自身的目标和境界,心理问题就相对要少;为心理问题纠结的人,多半是信仰尚未建立,或者信仰低俗(如金钱至上、及时行乐、人生虚无等等),或信仰不够坚定者。信仰未立如青年人,信仰低俗如自私自利心胸狭隘者,信仰不坚如没有担当、没有气节者。

2.学习优秀的传统文化

我国有五千年的文明历史,优秀的传统文化思想更是博大精深,可近代以来西学东渐,学习西方成为主流的社会思潮,对传统的鄙视和彻底的批判让后来的中国人对自己的传统文化知之甚少,崇洋媚外的心态让年轻人拒绝了解传统。时至20世纪末,人们在现代化的过程中感到焦虑、迷茫和困惑时,才想到了传统文化思想。于是从20世纪末到新世纪以来,中国大地兴起了“国学热”,希望从博大精深的传统文化思想中获得抚慰现代人心灵的鸡汤。

中国传统文化浩如烟海,但其主要思想,不过儒释道三家。其中,儒家思想更是中国人的核心思想观念,两千多年来,一直是中国社会的主流思想。儒家思想的价值观强调一个人对社会的奉献,所谓大丈夫,所谓君子,都应该是负命天下,经世致用,有社会担当、有家庭责任、有君子气节的人。这样的价值观念,用现代流行的话说,都是妥妥的正能量。俗话说,“君子坦荡荡,小人长戚戚”,君子因为把自己与宏大的社会责任交融在一起,心胸自然博大而无忧,忧也是忧天下,心理困扰当然要少。“小人”的思想常常局限于一己之私,心胸狭窄,因心胸狭窄而常常为蝇头琐事困扰,心理问题就多。学习儒家思想,提高人生修养,自然有助于防范和克服心理问题的困扰。释,也就是佛家,佛家思想从古至今都是中国广泛的信仰之一,佛家教育人们对生命要慈悲为怀,对社会要断恶修善,对个人要看淡功利。佛家主张人们不要过于执着,好多心理问题的产生都和过于执着相关。比如,强迫症者多是过于执着而强迫于自己,完美主义的强迫症者更是典型的执着性人格。佛家还让人们不要沉迷于妄想,妄想太重就是白日梦,白日梦正是心理问题之典型症状,成天梦想发财,成天梦想身居高位,不得心理疾患才是怪事儿。佛家还要求人们不要有太重的分别之心,分别心重,看到世界与人生的差序就多,人的攀比追高之心就来自分别心太重。道家思想就是中国人生哲学的最高表现,道家追求道法自然,认为人的一切行为都应该顺乎自然,人应该清心寡欲、自在无为,有为处必生烦恼,欲望生贪心,贪心毁天性,天性失而生迷惘,生迷惘而乱心,心乱也就是心理问题。

从上面简单的分析可以看出,儒释道的基本思想都体现了一种共同的取向,就是克制自我,以求得人与自然、人与社会、人与自我的和谐统一,这就是天人合一的思想。作为哲学思维,儒释道的思想告诉我们,不能凭空要求外在的一切围绕个体的意志而改变,首先得学会调节自我的心态、克制自我极端的欲念,这就是我们所说的修养。只有提高了自我的修养,才可能以健康的身心作用于我们的对象世界,也就是通过我们的作为逐渐改进自然与人的关系,有为于社会以促进社会与人的和谐。改造自我,使自我处于一种积极和谐的心理状态,也就是我们说的阳光心态。提高修养,塑造自我的阳光心态,对于心理困扰就会主动有效地克服,而不易转化成严重的心理问题了。

(二)树立正确价值观念

正确的世界观、人生观、价值观是让人们健康生活的思想基础,有正确价值观的人很少会受到心理问题的困扰。

「案例链接」

价值观念与动机行为

一个商人、一个画家、一个生物学家,三人同游山中,见悬崖上一棵古树,形象奇特。画家第一个看见,惊呼好奇妙、好美;生物学家感兴趣这古树到底是什么树种,近前看个仔细;商人看二人如此,便寻思这奇特古树,要是得到,能卖个什么价钱。

这案例告诉我们,对事物有不同的价值观念,就会产生不同的动机行为。

1.什么是正确的价值观

价值在马克思主义政治经济学上指凝结在产品中的一般社会劳动,而在哲学、社会学、伦理学中,价值则是指主体与客体之间需要与满足需要的关系。也就是说,价值产生于需要,价值的大小取决于满足主体需要的程度,满足得多,价值就高,满足得少,价值就相对低。对于饥饿的人,面包有不可替代的价值,对于生病的人,药物有重要的价值。人的需要是多种多样的,从不同的需要角度可以划分出不同的价值类别,如社会价值、个人价值、政治价值、经济价值、军事价值、道德价值、审美价值、文化价值……总括起来,所有价值形态都可以归结为物质价值与精神价值两大类。所谓正确的价值观,就是对真善美不懈追求的态度与观念。真就是真理与真诚,善就是有利于社会与个人,美就是对美好的向往与追求。

2.价值追求的层次

与马斯洛心理需要理论相对应,人的低层次需要基本是物质性需要,低层次需要是人的基础性需要,物质性需要得不到基本的满足,是不会升级到精神性需要的。所谓基本的物质性需要,就是吃穿住行和基本的环境安全需要。人的理性追求都是按照这个逻辑来提升的,当人们基本满足了吃穿住行的需要之后,随之就会产生精神性追求,这是人与动物在行为心理上的根本区别。动物在满足了吃喝安全的需要之后，就无所作为，因为动物是按照本能来生活的，比如狮子吃饱之后就呼呼大睡。人则不同，人作为万物之灵长，超越了动物的低级本能，人在进化中形成了更高形态的情感、意志和理想等精神需要，有了人的高级精神需要，在生产与生活中形成了人类社会这种区别于动物的高级组织形式。因此，人的完整需要必然是由物质需要到精神需要的递进逻辑关系的结果。如果人的需要和追求仅仅停留在物质需要的层次，他就不是一个完整的人。我们常说，心里只有物欲的人是庸俗的人、低级的人，就是这个意思。只重物质追求，而忽视精神追求，在当今社会的表现就是金钱至上、利欲熏心。对这种为追求金钱物欲满足而不惜践踏人类伦理道德的人，我们会鄙视他们，甚至痛斥他们。对人应该具备怎样的追求、应该具备什么样的精神，早在几千年前就有清晰、完整的认识。比如，战国时期的孟子讲，人皆有“恻隐之心、羞恶之心、辞让之心、是非之心”，大丈夫就当“贫贱不能移、威武不能屈、富贵不能淫”，是人就该有“仁、义、礼、智、信”的五常人格。中国古代社会在这种道德精神指引下，创造了中国古代的辉煌文明，形成了中华民族崇高优秀的精神品质。

3.价值追求的演变

从20世纪初期，在西学东渐的思潮中，强势的西方文化对我们传统社会与人们传统思想的冲击与影响断断续续延续至20世纪末。至20世纪70年代，我国开始了改革开放，在不改变中国政治制度的前提下，学习西方成为全社会的主流思潮，于是西方各种观念广泛渗透到我们的社会生活当中，尤其要注意的是，西方近代文明以来的金钱至上的物欲主义也深深影响了普通的中国人。一方面，物欲主义激发了人们创造财富、追求富裕的活力和行动，在不断深入改革开放与建设社会主义市场经济的情况下形成了我们长期经济高速发展的态势，经济社会有了巨大进步。另一方面，过度的物欲主义让中国社会的伦理文明严重倒退，道德普遍沦丧已经成为不争的事实。

究其原因，工业文明与市场经济的发展激化了社会观念的剧变，特别是市场经济理论中人本自私的人性假设在得到社会普遍认可和接受的情况下，人们理所当然追求个人利益的最大化，这种追求的极端化严重冲击着人与人之间本该互助包容的人际关系，一些人为追求个人的利益最大化，尔虞我诈，寡廉鲜耻。西方经济学人本自私的人性假设，有着先天的理论缺陷，人本自私其实是对人的自然性的放大，一个人人都自私为本，不顾及他人的社会是难以想象的，即使是动物，也有群体合作的本能，更何况人呢？

4.辩证看待价值追求

人，天生有同类相助，近亲相怜的本能，这种本能的升华，就是人与人之间应该相互扶助，人类才会走向和谐与美好。为追求个人物质利益而相互竞争是发展的动力，但是过度的竞争，甚至相互为敌，就会使人类走向精神的堕落，在物质繁华的背后，就是蚂蚁争穴的残忍，物质的高度文明也不会让人感到幸福增加。在人本自私的理念引导下，经济管理学把社会竞争比作战场，“商场如战场，战场意味着你死我活”这种血腥的比喻，恰恰说明人与人之间关系的恶化。回到我们所说的价值需要的两个基本层次，理性文明的人类应该是物质需要与精神需要相协调。从逻辑关系上讲，人的物质需要相对满足的情况下，应该以精神需要的满足为主。如果没有这样理所当然的逻辑递进，人们深陷物欲的追求而不能自拔，就会因永不满足的物欲而困扰。发财梦让多少物欲心重者夜不成寐，茶饭不思，终成精神病；为发财，有多少炒房、炒股者精神分裂甚至跳楼殒命；为暴富，有多少假冒伪劣的商品充斥于市，黑心的厂商赚了钱，也给自己心里留下了抹不掉的耻辱，一旦良心发现，就会受到精神的折磨，心理就要经受痛苦的煎熬。可见，树立正确的价值观对人们身心的健康是多么重要，它可以让人们少了这些发疯殒命的可能。

对于一个悲观的人来说，天下没有一张适合他的凳子；对于一个快乐的人来说，即使天空下着雨，他的心空也是明媚的。阳光心态来自正确的价值追求，阳光铁路来自我们每一位铁路人阳光积极的价值追求。

（三）倡导健康的生活方式

1.顺道而为

健康的生活方式与心理的健康紧密相关，生活方式受制于生产方式，但更依赖于自我的主观选择。前文我们讲述了中国古代农业文明时期人们生活方式的特点，就是顺道而为，这种质朴的天人合一的生活方式自然是适合于人的身心健康的。工业革命加速了生产的节奏与效率，人不再是按照自然的节奏安排自己的生活，而是迫不得已要按照机器的节奏来安排自己的生活，这可以说是一种深刻的异化。所谓异化，就是对象与主体的对立，主体与对象之间不是肯定的关系，而是否定的关系。比如，机器本来是为人服务的，可在西方资本主义发展初期，身为生产组织者的资本家为了自身利益的最大化，任意延长时间，工人误以为机器是“压迫者”。正如卓别林的电影《摩登时代》里表演的那样，人成了机器的奴隶。在早期资本主义时期，人的生产与生活行为不再是顺天道而自为的方式，而是顺从机器的“压迫”。人们在这种反自然的生产与生活方式中，生命的自然节奏被打乱，该休息时却在劳作，该起床时却在熟睡，现代生活打乱了白天与黑夜的分别，工厂主按照自己的利益需要安排生产的时间和强度。

这种现象随着社会的进步得到了很大改善，合理安排劳动工时与工作时间是保证健康工作状态与工作效率的重要保障，已经成了人们的共识。在排除一些特殊情况的条件下，一般企业都能做到合理安排劳动工作的时间与强度。但是，还是有一些资本家无视生产者的生命和健康，他们为了实现自己的利润最大化，随意加重劳动强度，加大工人身体和心理的负担，富士康的十三连跳就是最好的例证。顺道自然的生活方式，就是要求我们以天道自然为生活生产方式选择的原则，尽量从生命健康的角度出发，合理安排劳动工作的时间与强度，以保障职工身体与心理的健康状态。

2.合理选择

人类就是这样无奈，科学与技术的进步，一方面让人们感到人类的伟大，一方面也要承受这种伟大带来的负面效应。进入工业化时代以来，人类的生活与心理在异化的突变中，难以保持以往与自然同步的生活方式，由此而产生了以往没有过的心理变异。在人们为工业革命带来人类生活巨变的兴奋中狂欢时，并没有能够冷静下来思考，它可能给我们带来其他的改变。随着哲学心理学的深入研究，这种双刃剑之痛逐渐被人们认识清楚。

随着互联网与人们生活与工作的关系不断加深，人们的交往方式发生了重大的改变，特别是一些年轻人，沉迷在虚拟世界里不能自拔，加深了与现实世界的隔膜。梦幻般的网络世界让他们失去现实人的正常思维。典型的是沉迷网络游戏的青少年，因为心理的过度投入，失去了现实的生活能力，由暴力游戏引发的各种心理变异与刑事犯罪常常发生。“过把瘾就死”“娱乐至死”，这正是一些现代都市里生活的年轻人放纵生命的真实写照，这种过度娱乐化的生活方式导致更多的心理问题难以化解。另外，由于现代工作的紧张节奏，工薪族们工作的压力加大，需要放松和减压，机灵的娱乐商人看中了这种需要的商机，于是各种通宵达旦的娱乐化的夜生活成了都市共同的风景，人们在娱乐场所放松，无节制饮酒，无约束狂放，甚至在娱乐场所养成了对毒品的依赖。心理放松的目标实现了，可一时的放松却带来对身心更大的戕害。

我们不可以改变现代生产方式和社会运行方式，但可以通过自身对生活方式的调节来最大限度地避免其负面影响。作为个人要克制自己，主动选择科学健康的生活方式，不能过度放纵自己的生活行为。健康的心理来自自由的心灵，这就要求我们对生活方式有自由的选择，不完全受制于工业化、城市化和过度商业化给我们指定的生活方式，从而在一定程度上避免由它带来的心理困扰。

3.回归自然

回归自然，拥抱自然，是现代人对现代都市生活困倦的否定性行为取向，虽然我们不可能在大自然中徜徉不归，但大自然湿润的空气可以消解我们繁华中的迷茫，大自然清澈的流水可以洗涤我们的烦躁和焦虑。据英国媒体报道，英国流行回到乡村，跟踪调查的结果显示，回到乡村的人们幸福感受超过都市的人们。在工作之余，在假期闲暇，或与家人，或约三五朋友，回归于自然中，与清风为伴，与飞鸟相随，采菊东篱，品茗南山，尽享自然之愉悦，应该成为我们生活中不可缺少之内容。

由于各种原因，我们不可能真正回到乡村过幸福的田园生活，但我们要保持一颗向往自然、回归自然的心，有这种质朴的情怀时时萦绕于心，我们就不会在都市生活的节奏中丧失自我，徒增焦虑。

（四）积极的生命态度

生命对于每个人来说只有一次，如何度过自己的一生，这是人类永久的终极问题。“我从哪里来，我到哪里去，我为何而生，我为何而死”，任何一个理性人都会对这些形而上的问题思考一生，对这些问题的不同回答，就决定了一个人对生命的态度。

「故事分享」

积极的生命态度

宋国有个叫作曹商的人，为宋王出使秦国。他前往秦国的时候，得到宋王赠予的数辆车子；秦王喜欢他，又加赐车辆一百乘。曹商回到宋国，见了庄子说：“身居偏僻狭窄的里巷，贫困到自己编织麻鞋，脖颈干瘪，面色饥黄，这是我不如别人的地方；一旦有机会使大国的国君省悟而随从的车辆达到百乘之多，这又是我超过他人之处。”庄子说：“听说秦王有病召请属下的医生，破出脓疮溃散疖子的人可获得车辆一乘，舔治痔疮的人可获得车辆五乘，凡是疗治的方式越是低级（舍弃尊严），所能获得的车辆就越多。你用什么低级方式治疗秦王的痔疮，怎么获得的车辆如此之多呢？你真行啊！”这个故事告诉我们：积极的生命态度要保持人格的尊严与完整。

1.超脱的生命态度

生命态度说到底就是人生观的问题。对人生正确的态度可以让人度过积极的一生，对生命错误的态度会让人在焦虑与痛苦中了结一生。心理学书籍里会常常引用法国作家雨果的名言：“世界上最宽阔的东西是海洋，比海洋更宽阔的是天空，比天空更宽阔的是人的心灵。”这个名言恰恰是对洒脱超越的生命态度的经典描述。人来到这个世界就是世界的一分子，人类创造了社会，社会的运行出现了人的群体与个体的差序结构，人在这个差序结构中都有着不同的地位。地位的不同使每个人都过着不尽相同的生活，人在社会发展中的不同作为，改变着定位的变化，现实的人会因不同的地位、不同的角色而感受不同的人生。有的人生活中充满着快乐，有的人感受到幸福，有的人感受着悲伤，有的人感受着凄凉……凡此种种，让每个人有着不同的心理：有的人感受到幸福满足自然心境平和，心理健康，生命中充满阳光；有的人时时感受到生命的痛苦、心里的悲伤、心绪的烦乱、心情的抑郁，自然会心理出现不同的问题。

2.辩证的生命态度

形成生命态度差异的原因不过两个方面：一方面是个人对社会资源（物质与精神）的占有不同，另一方面是个人对生命幸福的理解不同。如果说第一个方面是客观作用于主观不同而导致的结果不同，那第二个方面则是主体对生命意义的理解的不同而导致的不同。客观的原因是由多方面因素形成的，我们略去不说，单从个人原因来说，幸福快乐和悲伤痛苦的感受与自身对生命的态度紧密相关。从哲学上来讲，个人的幸福与快乐是人类相通的，每个人把类看作自己的归属，自然会把对类的贡献看作是一件快乐和幸福的事情。这就是我们常说的，一个人因为对社会有贡献而感到满足和幸福，也就是一个人的社会价值。越能从社会价值中体会和感受生命幸福的人，也就是通常所说的大幸福、大快乐，也就是通常所说的正能量，积极健康的生命态度。之所以是大幸福，大就大在它是对个人低级物欲和虚名的超越，越是超越的人越能感受到这种幸福。比如，我国著名科学家钱学森，一生不图物质，生活简朴，为国家与民族的强大做出了巨大的贡献，他感受到了生命的幸福。相反，有的人从不想着自己对社会的贡献而终日盘算着个人的名誉与财富，他们自认为只有越来越多的名誉与财富才能让他们幸福快乐。于是，他们不择手段为之而奋斗，当获得了他们所想要的财富与名誉，又陷入了一种获得后的失落、幸福后的迷茫。

3.中和的生命态度

哲学家叔本华讲过，人的深刻痛苦不是因为别的，而是来自个人欲望的深渊，欲望对财富的青睐是永无终结的。所以，旧的欲望满足之日便是新的欲望产生之时，如此循环往复，痛苦就没完没了。君不见，有的人为争权而人格尽失，他们得忍受别人的嘲笑和诟病，如果心理够强大，可以抵过一时，如果心理脆弱，便容易心理得病；有的人为发财而不择手段，结果是获得了财富失去了社会的信任，沦为人皆厌恶的人。试想，这种为一己之私而奋斗不息的人生有多少真正的幸福。

尽管随着现代社会对人生幸福的评判与自我认知发生着颠覆性的改变，但人类如诚信、仁爱、正义、宽容这些基本的品质应该有永恒的价值。社会的变态可能一时会颠覆这些价值，但从更长远的历史来看，这些体现人类文明的品德一定有着永恒的光辉，不会被变态的社会思潮长久压制而永久遭到冷落，取道中和的生命态度是我们保持健康心态的关键。积极的人，像太阳，照到哪里哪里亮；消极的人，像月亮，初一十五不一样。想法决定我们的生活，有什么样的想法，就有什么样的未来。

总之,健康的心理就是阳光的心态,心态的阳光,来自阳光的生命态度。我们保持良好的生命态度,可以消解无数心理的困扰与心理的焦虑,我们每个人都要明白一点,积极健康的生命态度是心理健康不竭的精神源泉。心理阳光,就不会产生太多的内心冲突,没有冲突,我们就可以享受内心平衡带来的无限愉悦。作为个体,要学会不断自我心理调节,不断追求内心的平衡与和谐。生活如不逝的流水,生活无限,心理自我调节也无限。让我们共同努力,树立正确的世界观、人生观和价值观,拥抱美好的生活。

第三章　心理压力知多少

投之亡地然后存，陷之死地然后生。

——《孙子兵法》

我们唯一值得恐惧的是恐惧本身。

——富兰克林·罗斯福

平静的湖面，练不出精悍的水手；安逸的环境，造不出时代的伟人。

——俄罗斯俚语

「故事分享」

“船在负重的时候是最安全的”

有一位经验丰富的老船长，当他的货轮卸货后在浩瀚的大海上返航时，突然遭遇到了可怕的风暴。水手们惊慌失措，老船长果断地命令水手们立刻打开货舱，往里面灌水。“船长是不是疯了，往船舱里灌水只会增加船的压力，使船下沉，这不是自寻死路吗？”一个年轻的水手嘟囔着。

看着船长严厉的脸色，水手们还是照做了。随着货舱里的水位越升越高，随着船一寸一寸地下沉，依旧猛烈的狂风巨浪对船的威胁却一点一点地减少，货轮渐渐平稳了。

船长望着松了一口气的水手们说：“上万吨的巨轮很少有被打翻的，被打翻的常常是根基轻的小船。船在负重的时候，是最安全的；空船时，则是最危险的。”

铁人王进喜说，“井无压力不出油，人无压力轻飘飘”。市场经济的激烈竞争，铁路事业的快速发展，使铁路职工的各种压力如影随形，如果没有一点压力，就会像没有载货的船，纵然是一场小的风浪，也容易颠簸晃荡，如果遇到狂风巨浪，恐怕就难逃倾覆的命运。

在我国北方农村，过春节的时候，家家都有生豆芽的习俗。有过这个经历的人都知道，要想豆芽长得又肥又大，要么在泡好的豆子表层盖一块板子，要么压一块扁圆形的石头。为什么这样做呢？道理很简单，就是为了给容器里泡好的豆子增加压力。因为有了压力，豆芽为了往上长，都会用尽全力，但板子或石头又不能太重，太重会把苗压伤，豆子的芽苗就长不出来。这个生豆芽的事例，对我们理解压力的作用深具启发意义。

该如何认识心理压力？影响心理压力的因素有哪些？怎样判断铁路职工的心理压力？又该如何应对这些心理压力？这一系列的问题，本章将依次展开，让我们一起来探寻吧。

一、如何认识压力

（一）什么是压力

压力本是一个物理学上的概念，它是指发生在两个物体的接触表面的作用力。后来，压力一词被生理学家应用于社会领域，成为心理学上的一个重要概念。

加拿大学者塞利于1956年提出了“一般适应综合征”学说，促进了压力在生物学反应方面的研究，并第一次系统提出了压力的概念，他认为压力是指“人或动物有机体对环境刺激的一种生物学反应现象，由机体的许多不同需求而引起，并且是非特异性的”。所谓“非特异性”，是指环境刺激或需求可能多种多样，但机体的生物学反应是固定不变的。因此，塞利被公认为“压力之父”。

美国心理学家拉泽鲁斯于1984年从认知角度第一次创新性地解读了压力。他认为压力是指“环境和内部的需要超出个体、社会系统或机体组织系统的适应能力”。换句话说，他强调人们的认知因素在压力反应中的作用，注重对压力的过程进行研究，是现代压力认知及应对研究领域的重要先驱。直到现在，他仍是这一领域最重要的代表人物之一。

西方学者对压力内涵的解释，是把压力作为一个过程来看待，注重从生理、心理和行为反应诸方面来对压力进行研究。

《辞海》（1999版）是这样解释“压力”的：压力是对精神、意志的迫使力量。此解，简洁明了，但只注重了压力在精神领域的反应。

近几十年来，压力问题引起了国内众多学者的广泛关注。总体来说，学者认为压力是指由刺激引起的，伴有躯体机能以及心理活动改变的一种身心紧张状态。据此，压力的内涵有三个基本点：一是压力离不开那些使人感到紧张的刺激物，这种刺激物或者是事件，或者是环境；二是压力是由刺激唤起的内部心理状态以及人体出现的反应，比如脸发热、呼吸急促、心跳加速、寝食不安等；三是个体对自己是否处于压力状态的感知。

不同的学者对压力有不同的解释，这与他们的文化背景、关注点有直接的联系。其实，压力就是个体对外界刺激的反应过程，这个刺激物可能是突发事件，可能是重大的生活事件，也可能是日常烦心事。有刺激就有反应，人们在压力面前的这种情绪反应，心理学上把它叫作应激。我们从不同角度解释"压力"的含义，就是希望大家更好地理解和认识压力。

（二）应激反应三阶段

欲很好地对压力进行管控，就有必要了解塞利的压力反应阶段论，进而通过甄别的结果，对各个阶段采用合适的措施。赛利把应激的过程分为三个阶段。

1.警觉阶段：发现了事件并引起警觉，同时准备战斗的阶段。交感神经支配肾上腺分泌肾上腺素和副肾上腺素，这些激素促进新陈代谢，释放储存的能量，于是呼吸、心跳加速，汗腺加快分泌，血压、体温升高等。

之所以会有这些警觉反应，是具有进化论方面的物种保护意义的，试想一下，当我们的祖先还在原始森林里生活的时候，面前突然出现了从未见过的猛兽，突然受到了外族部落的入侵，因为误食了某种陌生的食物而有了异常身体感受，这个时候出于生存本能，必须让自己的身体在短时间内爆发出一定的能量来应对"不能确定的战争"。所以，警觉阶段的感受往往都是正常的，比如失恋后的痛苦、明天就要上台演讲的紧张、被同事误会后的失眠等都是正常的警觉反应。

异常的反应往往在反应程度和持续时间这两个维度被确定为异常，比如失恋后兴高采烈，或者亲人丧失一年以后依然终日以泪洗面，这些都是心理或者精神异常的显著体现。

2.搏斗阶段：全力投入对事件的应对，或消除压力，或适应压力，或退却的阶段。这个阶段的生理、生化指标在表面恢复正常，外在行为平复，但这是一种表面现象，是一种被控制状态。个体内在的生理和心理资源被大量消耗。由于调控压力而大量消耗能量，所以个体变得敏感、脆弱，即便是日常微小困扰，都可以引发个体的强烈情绪反应。

个体对自己和周围世界的认识，处理问题的方式，怎样应对问题解决过程的各种内外变化，以及怎样来看待事情的结果，都是这个阶段体现的重要内容。实践证明，更多积极观点和目标保持一致的行动力，坚强的意志力以及完善的支持系统有利于人们去进行搏斗，并取得自身可接纳的结果。

那些负面的思维，与目标不一致的行为和选择，缺乏意志力，支持系统的缺乏等，都不利于人们去进行搏斗，直接导致应对结果的偏差。

3.衰竭阶段:消耗大量生理和心理资源,最后“筋疲力尽”的阶段。由于压力的长期存在,能量几乎耗尽,这时,已无法继续去抵抗压力。如果进入第三个阶段,外在压力源基本消失,或个体的适应性已经形成,那么经过相当时间的休整和养息,仍能康复。如果压力源仍然存在,个体仍不能适应,那么一个能量资源已经耗尽而仍处在压力下的人,就必然发生危险,这时,疾病和死亡的发生都是可能的。

(三)压力是把双刃剑

在对压力有了初步的了解后,人们不禁会问,在日常工作和生活中,到底是压力大好还是没有压力好呢?要回答这个问题,我们有必要了解心理学上的一个著名的定律,即耶克斯—多德森定律。

心理学家耶克斯与多德森通过实验研究归纳出了一条著名的定律,用来解释心理压力、工作难度与作业成绩三者之间的关系。该定律认为:

1.各种活动都存在一个最佳的心理压力水平。在一定范围内,活动的效能随心理压力水平的提高而提高。超过最佳心理压力水平,活动的效能反而会随心理压力水平的提高而降低。

2.动机的最佳水平随任务性质的不同而不同。操作困难问题的最佳状态,处于较低的心理压力水平;操作初步技能的高峰,处于中等水平;操作简单问题的高峰,处于较高的动机水平。

3.在难度较大的任务中,较低的动机水平有利于任务的完成。

据此,耶克斯与多德森认为,人的动机强度与工作效率之间的关系不是一种线性关系,而是倒U形曲线,即随着压力的增加,工作绩效上升,到达一定程度后下降。

这条著名的压力曲线,给我们一个基本的指导:人的绩效水平与心理压力程度有着密切的关系,压力太低或太高,其绩效水平都很低;而当压力水平处于一个合适的范围,则绩效水平最高。也就是说,压力过大自然不好,但没有压力未必就好。压力不足就没有了挑战,就如同打比赛没有对手一样。因此,每个人要尽力去寻找自己的最佳压力区域,以期达到最佳的绩效水平。

在一般情况下,压力可以激活机体的潜在能量,使人能以更积极、有效的状态投入所面临的压力情境,以赢得工作、生活的控制权。但如果外界压力大大超过了机体所能承受的极限,或者机体的应激反应系统得不到阶段性的休整,就会使人的心理和行为活动发生紊乱、衰退甚至是衰竭,机体的健康力就会急剧下降,人就很容易受到疾病的侵害。

压力对人的认知活动的影响包括:注意力下降,难以聚精会神,经常会视而不见、听而不闻,常常出现强迫性分心;思维阻塞,突然遗忘正在谈论的话题线索或资料，或者面对试卷脑子里出现空白；短期或长期的记忆力衰退，信息提取速度减慢，信息再认或再现的错误率加大；思维紊乱，分析能力、判断能力、决策能力全面下降，言语表述缺乏逻辑性，等等。

压力对人的情绪情感活动的影响包括：经常出现精神紧张、焦虑或烦恼；出现疑病或幻想，喜欢夸大病痛的感觉；性格发生明显变化，神经过敏，防卫心理增加，原有的良好个性突然一反常态，令人不可思议，而原有的不良性格则变得日趋严重；情绪情感的自控力下降，极端性情绪的发生率增加，经常出现敌意、攻击、愤怒、暴躁不安甚至是歇斯底里；郁郁寡欢，悲观失望，伤神哭泣，死气沉沉，自我评价降低，无助与无能感上升，精神萎靡不振，等等。

压力对人的行为活动的影响包括：工作、学习与生活的兴趣和热情大幅度下降，做什么事都觉得索然无味；行为活动的计划性、目标感降低，经常出现顾此失彼、疲于奔命的被动局面；对于新鲜事物失去敏感性，行为懒散，办事拖拉，被动应付，不愿承担责任；逃避困难，失去上进的信心和勇气；沉默寡言，不愿与人交流，喜欢独自发呆；行为古怪，不合群，人际矛盾增加；持续失眠、精力不足，经常出现在上课或上班时打瞌睡的现象；借酒浇愁，吸烟量增加，面部扭曲，无意识的多余动作增多，等等。

上述种种由压力带来的不良的身心反应，其警示性是相当明显的，而且对同一个体来说，反应模式也是相当稳定、始终一致，并且会重复出现的。因此，善于关注、识别并严密监视自身的压力反应，是有效应对压力、维护心理健康、防止个体受到身心伤害的重要一环。

（四）只有负面事件才会带来压力吗

过强的压力，也不一定都是负面的事件，乐极生悲就是例证。

「故事分享」

范进喜极而疯

那邻居飞奔到集上，一地里寻不见。直寻到集东头，见范进抱着鸡，手里插个草标，一步一踱的，东张西望，在那里寻人买。邻居道："范相公，快些回去！恭喜你中了举人，报喜人挤了一屋哩！"范进道是哄他，只装不听见，低着头往前走。邻居见他不理，走上来，就要夺他手里的鸡。范进道："你夺我的鸡怎的？你又不买。"邻居道："你中了举了，叫你家去打发报子哩！"范进道："高邻，你晓得我今日没有米，要卖这鸡去救命，为什么拿这话来混我？我又不同你玩，你自回去吧，莫误了我卖鸡。"邻居见他不信，劈手把鸡夺了，掼在地下，一把拉了回来。报录人见了道："好了，新贵人回来了。"正要拥着他说话，范进三两步走进屋里来，见中间报帖已经升挂起来,上写道:"捷报贵府老爷范讳进高中广东乡试第七名亚元。京报连登黄甲。"

范进不看便罢,看了一遍,又念一遍,自己把两手拍了一下,笑了一声道:"噫!好了!我中了!"说着,往后一跤跌倒,牙关咬紧,不省人事。老太太慌了,慌将几口开水灌了过来。他爬将起来,又拍着手大笑道:"噫!好!我中了!"笑着,不由分说,就往门外飞跑,把报录人和邻居都吓了一跳。走出大门不多路,一脚踹在塘里。挣起来,头发都跌散了,两手黄泥,淋淋漓漓一身的水。众人拉他不住,拍着笑着,一直走到集上去了。众人大眼望小眼,一齐道:"原来新贵人欢喜疯了。"

这是《儒林外史》中的一段故事,范进几试不中,后来终于中了,竟然因为承受不了太大的压力,喜极而疯,好事变成了坏事。尽管这是文学作品中的极端事件,但从中可以看到,压力对人身心反应的复杂性。在工作生活中,我们要把握压力与绩效的关系,寻找导致最佳绩效的压力空间。

二、影响压力的因素有哪些

(一)影响压力的性格因素

心理学研究表明,不同性格特征的人对压力的感受是不同的,我们的日常生活经验也印证了这项研究成果。

那些竞争意识强、工作努力奋斗、争强好胜、缺乏耐心、成就动机高、说话办事讲求效率、时间紧迫感强、成天忙忙碌碌的A型性格特征的人,对压力更敏感,也比较容易过激,对压力的心理承受能力也差一些。因此,A型性格与冠心病有密切的关系。经研究发现,A型性格者患心脏病的人数是B型性格者的2~3倍。B型性格者的特征是个性随和、生活悠闲,对工作要求不高,对成败得失看得淡薄。所以,如果你具备上述A型性格的特征,建议你不妨把一切动作都放慢速度,寻找能够给你的生活带来笑声的方法,在最简单的行动里寻找快乐,而不用想是否应该这样快乐,不要因为等待而不耐烦,劳逸结合,利用工作间隙多让自己休息、降低不切实际的要求,只要努力就问心无愧,为自己的每个成就感到高兴、满足。只有改变了这种"急性子",才能从根本上改变对压力的敏感性,从而才能使其他的努力达到"事半功倍"的效果。

容易造成压力的性格特征主要有哪些呢?通常主要有以下几种类型的人:

1.不能自我肯定的人

不能自我肯定的人就是自我价值感较低的人。这种人非常在意别人的看法,对于别人的评论很敏感,常因为别人的评价而觉得自己一无是处,因此不能正视自己,认为自己被伤害,怨天尤人、怨恨自己不如人。这种人因害怕得不到肯定而经常患得患失,容易处于忧郁、焦虑不安之中,进而处于巨大的压力之下。

2.追求完美的人

追求完美的人把每件事的标准都定得很高,原本只需1～2个小时就可以完成的工作,往往为求尽善尽美,而多花几倍的时间去完成。追求完美者常觉得时间不够用,为了解决时间不足的问题,只得被迫牺牲睡眠、与家人相处、运动、休闲的时间,导致长期失眠、与家人缺乏沟通,使自己常年处于精神紧绷状态。

3.缺乏挑战精神的人

它的程度因人而异,也因压力种类而异。那些被心理学家称为敢于挑战和追求轰动效应的人,他们经常处于高度的兴奋状态,压力对他们而言,是机遇和条件。然而对于那些缺乏挑战精神,不敢追求轰动效应的人,一个具有挑战性的职业对他们是致命的压力。他们几乎不能长期承受各种挑战和冒险给神经造成的严重挫折。

4.过分关注自我形象及自我身份的人

多数人是以职业来识别身份的,当回答自己是谁时,许多人习惯在说出自己名字后,说出他们令人羡慕的职业作为自我满足的手段。生活中,有些人退休后感到很压抑,是因为退休使他们失去了一部分身份,而且他们不能再轻而易举地创造新角色。即使一个仍在工作的人,也很容易受到使人对其职业能力产生怀疑的影响,进而引起对自身价值的怀疑,并因此感到有威胁和压力。过分关注自我形象及自我身份的人,经常会感到孤独寂寞,缺少安全感,对自己缺乏信心。于是他们拼命地工作,以此来提高自己在别人眼里的地位。其后果便是,如果这种职业自豪感受到挑战,他们就会变得极具进攻性或防范性。如果一个人过分强调自己的职业尊严和地位,那么他们的威望就会越低,而别人也越会不以为然。

5.难于自我谴责的人

在职业生涯中,人难免会因为自身的能力和认识而发生一些失误甚至错误,面对错误,不能正确认识,则会错上加错,这样,压力在无形中会增加。一些人会为实际上超出了控制范围的事而坚持自我谴责,包揽一切错误,他们认为自己应该对紧急情况有先见之明,应该事先采取措施防患于未然,应该更多地承担义务,应该工作得再勤奋一些……这样的“自我谴责”,使压力将会得到消解。与此相反,一些人常常不能承认自己的错误、失误,他们会指责环境或把责任归之于他人的错误,这样不仅消解不了压力,往往会加大压力。

6.期望值过高的人

不切实际的过高期望,是造成过度压力的主要原因之一。倘若总是对自己期望值过高,就会过分费力地驱使自己,就会永远对结果失望。不切实际的自我期望,常常与上述的角色不明确和角色矛盾有关。这种不现实的结果就是对自己的表现永远不满意,永远不会从已经完成的工作中获得轻松感。由于认识不到工作的局限性,因而缺乏用准确的标准来衡量自己的成功或努力,最终妨碍发挥自己应有的作用。

(二)影响压力的经常性因素

1.经验

当面对同一事件或情境时,经验影响人们的压力感受。对两组跳伞者的压力状况进行调查发现:有过100次跳伞经验的人不但恐惧感小,而且会自觉控制情绪;而无经验的人在整个跳伞过程中恐惧感强,并且越接近起跳越害怕。同样的道理,一帆风顺的人一旦遇到打击就会惊慌失措,不知如何应付;而人生坎坷的人,同样的打击却不会引起重大伤害。可见,积累经验能增强抵抗压力的能力。

2.准备状态

对即将面临的压力事件是否有心理准备也会影响压力的感受。心理学家曾对两组接受手术的患者做实验。对其中一组在术前向他讲明手术的过程及后果,使患者对手术有了准备,对手术带来的痛苦视为正常现象并坦然接受;另一组不做特别介绍,患者对手术一无所知,对术后的痛苦过分担忧,对手术是否成功持怀疑态度。结果手术后有准备组比无准备组的止痛药用得少,而且平均提前三天出院。因此,有应付压力的准备也是减轻伤害的重要因素。

3.认知

认知评估在增加压力感和缓解压力中有着重要作用。同样的压力情境使有些人苦不堪言,而另一些人则平静地对待,这与人的认知因素有关。当一个人面对压力时,在没有任何实际的压力反应之前会先辨认压力和评价压力。如果把压力的威胁性估计过大,对自己应对压力的能力估计过低,那么压力反应也必然加大。例如,你在安静的书房看书,忽然听到走廊里响起一串脚步声,如果认为是将要入室抢劫的坏人来了,就会惊慌恐惧;如果认为是朋友全家来拜访,就会轻松愉快。正如一位哲学家所说,"人类不是被问题本身所困扰,而是被他们对问题的看法所困扰"。

对压力的认知评估可以分为两个阶段。初步评估是评定压力来源的严重性,二级评估是评定处理压力的可能性。如果压力严重,又无可利用的应付压力的资源,必然产生一种持续性的紧张状态。

4.环境

一个人的压力来源与他所处的小环境有直接关系,小环境主要指工作单位和家庭。工作过度、角色不明、支持不足、沟通不良等都会使人产生压力感，家庭的压力常常来自于夫妻关系、子女教育、经济问题、家务劳动分配、邻里关系等。如果工作称心如意，家庭和睦美满，来自环境的压力必然小，则心情舒畅、身心健康。

5.情感

许多人对情感给他们造成的压力，有时会感到比其他任何压力都大。这时的压力主要就是情感和个人性格不适应产生的，在处理自己和别人的情感时，生活常常变得含糊不清、杂乱无序。

6.性别

男性与女性谁的压力承受能力更强？这一点尚不明确。个人差异和潜在压力本身十分强大，一般无法单纯从性别上划清界限。一般而言，女性的压力表现在缺乏地位、缺乏权力、缺少多样化（如在家庭和职业责任之间的时间冲突）等方面。不同年龄的女性所承受的压力来自不同的方面。年龄在21～26岁之间的人，压力主要来源于不能达到期望的目标，以及急于求成的心理。处于28～35岁年龄段的女性则对成就感要求强烈，60%以上的人都希望自己有所成就，如果没有实际结果时就会产生挫折感。这个年龄段的女人产生压力的原因主要有：所从事的工作不是自己感兴趣的，期望与现状差距太大，工作迟迟没有新的起色，职业发展空间不大，生活负担较重，等等。而年龄在35～45岁之间的女人，压力的主要来源是组织和家庭，比如工作报酬少、得到的鼓励少、工作时间长、自主性差、家庭生活不和谐、休闲娱乐时间太少等。

就对压力的反应而言，女性通常表现为流眼泪、退缩和软弱，而男性所要背负的社会压力要比女性大。根据统计，男性抽烟、酗酒甚至车祸死亡的比例都要高于女性。男性在面对失业或工作不安定的情况下，压力更大。男性的压力大多来自于工作交际中的失利、与上级的矛盾、与同事的冲突以及在职业责任方面。男性对压力的反应常常是愤怒、反击和自我保护。为了对抗压力，男性的身体内会分泌出肾上腺素，使自己振作，并以行动对抗。

无论是哪一方面出了问题导致的压力，人们都应仔细分析，小心对待，尽最大可能将压力化解到最低程度，尽力让生活平静、轻松、自然。

（三）影响压力的中介因素

压力作用于个体后，经过中介系统的增益或消解，事件的相对强度和性质可以产生某些改变。

1.个人认知系统的作用

人们接触到压力，首先是在认识、理解的基础上，评估压力的性质和压力对自己的利弊及程度，进而评估自己的实力，确定自己能否战胜压力，确定对待压力的方式，是逃避它、消灭它，或是努力适应它。正确地认识和评估压力，正确评估自己的实力，可使事件的强度相对降低，否则，效果相反。

2.社会支持系统的作用

社会支持系统的作用有两种：一是具体地支持当事人。在物质上给予帮助，增加应对压力事件的物质条件；二是给当事人精神支持，帮助当事人认识、理解事件的性质和强度，与当事人一起策划应对方式，使当事人在困难时期不感到孤独无助，从而增强应对事件的信心，稳定情绪。

良好的社会支持系统，可以使压力事件的强度相对降低，不好的社会支持系统，其作用相反。

一个人在遇到事件的打击时，如果拥有他人的关心、有用的社会支援，也有强有力的社会支持，那么他的抗压能力就会提高，就能更好地抵抗压力，不致造成压力后的不良反应。越来越多的研究成果显示，亲密的和可信任的关系是压力的有效缓冲器。

3.生物调节系统的作用

生物调节系统具有重要作用，它们的功能状态好，可以防止或降低应激后果的躯体化症状，反之则不然。

综上所述，个体对事件的实际反应，是由中介系统对压力进行增益或消解后的相对强度决定的。

三、铁路职工心理压力怎样研判

（一）看看自己的压力处于什么状态

「知识拓展」

测一测你的压力有多大

下题是一道美国20世纪50年代特种部队进行的压力测试题，很简单，也很复杂，请大家不妨试试。

从下列许多O中挑出C，并使眼睛快速移动，如果有怀疑之处可回到开头重新开始，数一数，一共有多少个C?

COOOOOOOOOOOCOOOCOCOCOCOCOCOCOCOCOCOCOCOC
OOOCOOOOCOCOOOCOCOOOOOCOOOCOOOCOOOCOOOCOOOO
COOOCOOOCOCOOOOCOOOOOOOOCOCOCOCOCOOCOCOOCOO
OCOCOOOCOCOCOOCOOOOOOOOOOCOCOOOOOOCOOCOCOOO

OCOOCOCOOOOOCOOOOCOOOCOOCOCOCO -
COOOOOCOOOOCOOOC

如果你是镇定自若，而且接近答案（62个C），那说明你压力适中；如果你反复重来，而且距离答案差值较大或者越来越感到灰心，说明你压力超大，需要进行心理调适。

再来做一份有关工作压力的测试题：

测试题中1分表示从不如此，4分表示几乎总是如此，按1～4分给自己评分。

问题是：

1.担心丢了这份工作就找不到其他工作了。

2.早晨醒来就为工作忧心忡忡。

3.工作要求的提高让我沮丧不安。

4.我发觉自己变得烦躁、易怒。

5.我会不耐烦地从一件工作跳到另一件工作。

6.不能得心应手地处理手头工作。

7.担心自己能否把工作坚持下去。

8.怀疑自己的工作是否真的做得够好了。

9.似乎没人关心我的感受。

10.对自己的感觉麻木不仁。

11.我会努力控制自己的情绪，直到最后以某种方式爆发出来。

12.很难抽时间陪家人和朋友。

13.亲友抱怨说见面接触机会太少。

14.因为太累无法照应到方方面面的关系。

研判：把分数逐列相加，然后算出总分。总分如果低于25分，表示你能自如地对付工作压力；25～34分之间，表示你处于一种思想不安、身体不适的状态；35～44分之间，你则应该与一起工作的人谈一谈，设法找到减轻压力的办法；如果总分高于45分，你就有必要向心理咨询师咨询一下了。

通过测试，我们可以大致判断自己的压力程度，相信大多数人是处于一个比较合理的状态。但由于性格、认知、经验、环境等因素的影响，每个人难免又会在不同的时间段感受到自己难以承受的各种压力。因此，我们有必要对压力做进一步研判。

（二）什么是压力源

压力源与压力的关系极为密切，压力中“使人感到紧张的刺激物”，实际上就是指“压力源”，即能引发应对反应的刺激或环境需求。但是，并不是所有的客观的感觉都是压力源，压力源只有当精神的结构对外部的现实关注时才出现于内心世界。适度心理压力源的存在对人的健康和功能活动有促进作用，是人成长和发展的必要条件。缺乏刺激的生活是单调、枯燥和乏味的生活，而过度的压力也是不适当的，如果压力源的强度超过个人能力所能承受的范围，便会出现心理问题，甚至使人陷入心理危机。

按来源分类，压力源可分为四类：

第一类为躯体性压力源，经由人的躯体直接发生刺激作用的刺激物，包括各种物理学、化学和生物学的刺激物，如过高的温度、强烈的噪声、震动、辐射、疾病、不良食物、微生物。这一类压力源是引起生理压力的主要刺激物。

第二类为心理性压力源，指发端于个体头脑中的各种紧张性信息，如心理冲突、不切实际的期望、不祥预感以及与工作有关的紧张感等。心理性压力源与其他压力源的显著不同是它直接来源于人们的大脑，当然，来自大脑内的紧张性信息常常是外界刺激作用的结果。例如，工作压力多产生于工作责任重大或负荷过重，以致难以胜任之时。

第三类为社会性压力源，是造成个体生活方式的变化并要求个体对其适应和应付的社会生活情境、生活事件或变故，如升学、考试、离婚、亲人亡故、战争与社会动乱等。社会性压力源主要是指造成个人生活方式的变化，并要求人们对其做出调整或适应的情境和事件。

第四类为文化性压力源，指要求人们适应和应对生活的文化方面，最为常见的是“文化性迁移”，主要指语言环境、居住环境的变动。如农村人到城市打工，就会遇到文化冲突，出现“文化休克”现象，还有如职工的工种变化、工作地的变动等。

按照性质来划分，压力源又可分为正性压力源（如升学、结婚、提拔等）、中性压力源（如生活规律变动）和负性压力源（如疾病、灾难性事件），但压力源的性质不完全取决于紧张事件本身，同样的事件对有些人来讲是正性的，可以引起积极的反应，而对另一些人来讲可能就是负性的，会引起消极的反应。因此，要区分压力源的性质，还应具体情况具体对待。

对压力源进行分类，有利于更好地梳理你的压力源。

（三）梳理你的压力源

铁路职工的心理压力是多方面的，有职业方面的因素，也有自身素质方面的因素，还有其他方面的因素。就职业压力而言，它是职业环境中威胁性刺激持续作用而引起个体一系列心理、生理和行为活动改变的一种紧张状态。职业压力本身并非是一件坏事,关键是度要合适。因为适度的工作压力,可以排除心中的空虚和郁闷,令人振奋,给人以向上的力量,有益于提高工作效率和学习效率。与此相反,过度的工作压力,则给人带来苦恼,使人产生生理、心理以及行为失调反应,甚至在日常活动中产生焦虑、心悸、神经衰弱、消化不良、沮丧、注意力不集中、自我评价过低、工作效率差等现象。铁路在国民经济发展和社会稳定中的重要地位,要求铁路人必须承担更多更大的责任,这就会给每一个职工带来很大的压力。目前给铁路职工带来的压力主要是以下几个方面:

1.能力不足带来的压力

近年来,随着社会的进步,科学技术的发展,铁路为了确保运输安全,提高服务质量,扩大运输能力,广泛运用了新技术、新设备,传统的运输组织和作业方式有了彻底性的变革。而对职工而言,一方面,一些职工随着年龄增长,知识更新跟不上新技术、新设备发展的要求,对学习存在畏难情绪;另一方面,基层站段对职工新技术、新设备虽有培训,但培训时间短,现场指导少。这就导致一些干部职工对新技术、新设备性能了解不透、运用不了,干工作时感到吃力费劲;对作业过程中出现的设备故障、问题隐患判断不清、处理能力不强,以致在实际作业过程中精神紧张、信心不足。

2.安全管理带来的压力

安全是铁路工作的生命线,也是铁路运输的永恒主题,是一切工作中的重中之重。铁路作为大众化的交通工具,这几年在软、硬件方面得到了很大程度的提升,铁路职工在给广大群众提供更加优质、便利的运输服务的同时,其自身所承担的运输安全的压力也比以前更大了。

安全生产给铁路职工带来的压力主要体现在两个方面:一是安全事故本身带给人的压力,即事故发生时身体的应激反应;二是事故发生的不确定性带给人的压力。大量研究表明,事故发生的不确定性带给人的压力远比事故本身带给人的压力更严重。在铁路这种特别强调安全生产的行业里面,一些一线职工、管理者感觉心理压力大、精神紧张,其原因就在于铁路运输的性质和职责要求确保安全工作万无一失。安全生产的压力是铁路职工最常见的压力源,这一压力源的存在是铁路职工作为一个特殊职业群体,容易引起神经紧张和精神疲劳,从而导致焦虑、抑郁情绪产生最直接的因素。

以识别并排除风险源为主旨的安全风险管理,为铁路的安全运营起到了很好的作用,但也使一部分职工产生了心理压力。安全风险管理本来不应给职工带来心理压力,但执行过程中职工为什么会有压力呢?原因在于一部分职工安全管理的思想观念还停留在过去凭经验的阶段上,对“全员、全方位、全过程、全时段”的安全风险管理模式不太适应,感觉这也严了、那也细了,这样难免会有各种各样的压力。

3.工作紧张带来的压力

铁路系统是一个大联动机,每一个系统、每一个环节的细微疏忽,都会给整个系统带来难以想象的严重后果。因此,工作紧张是常态,特别是每年的春运、暑运、防洪、党和国家的重要活动期间等,工作量自然加大,加班加点亦为常事,工作紧张容易造成部分职工心理紧张、情绪失控,而在这种状态下容易发生一些意想不到的事故。

4.家庭生活带来的压力

铁路点多线长、全天候全露天作业的特点,决定了许多铁路职工工作环境艰苦,无暇顾及家属、子女,甚至个人的正常生活秩序也受到影响。工作与家庭之间矛盾突出,沿线子女上学、就医、就业难仍是职工家长最头痛的事,特别是在远离城市的站区,上班下班都只能在这个站区,没有别的去处,沿线小站文化建设很难满足职工对文化生活的需求。一部分职工会出现埋怨、发牢骚和心理不平衡现象,无形中对职工形成一种心理压力。

一些工种存在特殊性,譬如机车司机、乘务员因为常年轮班工作,不仅对个人的身体健康有影响,而且在工作与家庭的平衡上也存在突出的问题,对家庭投入的时间、精力比较有限,对子女的教育、老人的照顾、夫妻感情的和谐都或多或少产生了影响。这种影响反过来给职工带来一定的心理压力。

5.职业发展带来的压力

由于铁路管理体制的重大变革,组织更趋偏平化,这种变革的特点,使得组织内中层管理职位变少。一些希望"自我实现"的职工,晋升困难或受挫,职业发展遇到瓶颈,这对于具有高成就动机的职工构成了一定的压力。

6.工作环境带来的压力

研究证实,工作环境不良,会使人精神紧张、容易疲倦、增加压力感。铁路点多线长,在沿线和闭塞地区,工作环境相对简陋,加之长期单一的工种,也容易引起职业倦怠,这些都会使职工产生一定的心理压力。

7.轮班工作带来的压力

所谓轮班工作,是指一切有别于将通常白天时间作为工作时间的安排。研究者认为:轮班工作的职工在轮班过程中会积累大量的"睡眠债务",通常也被称为轮班滞后,需要一段时间的休整才能恢复和偿还。研究也表明,白天没有夜间睡眠质量高。轮班制是铁路行业的特殊要求,具有普遍性,法律法规对此有专门的规定。因此,我们一定要防止因轮班制给职工带来的心理压力。

四、正视压力，阳光铁路

（一）情绪ABC理论——改变认知法

「故事分享」

一个流传很广的故事

一个老太太有两个女儿都做生意，大女儿是卖扇子的，小女儿是卖雨伞的。天晴时，老太太就为小女儿担忧，担心雨伞卖不出去；天阴时，老太太就为大女儿忧虑，担心扇子卖不出去。如此一来，老太太的日子过得很忧郁。邻居问她为何总是满脸忧伤，老太太说明情况。邻居笑着说："老太太，你真好福气呀！天晴时，你的大女儿生意很好；天阴时，你的小女儿生意兴隆。"老太太听了，顿时豁然开朗，转忧为喜。

这其中蕴含怎样的道理呢？同样一件事，从不一样的角度去想，心情就会很不一样，人生的境界也会很不一样。换句话说，老太太的忧虑和压力完全来源于她自己不正确的自我认知。

我们再看看来自身边的事，两个人一起在街上闲逛，迎面碰到他们的领导，但对方没有与他们打招呼，径直走过去了。这两个人中的一个对此是这样想的："他可能正在想别的事情，没有注意到我们。即使是看到我们而没理睬，也可能有什么特殊的原因。"而另一个人却可能有不同的想法："是不是上次顶撞了他一句，他就故意不理我了，下一步可能就要故意找我的岔子了。"

两种不同的想法就会导致两种不同的情绪和行为反应。前者可能觉得无所谓，自己该干什么仍继续干自己的；而后者可能忧心忡忡，以至无法冷静下来干好自己的工作。从这个简单的例子中可以看出，人的情绪及行为反应与人们对事物的想法、看法有直接关系。在这些想法和看法背后，有着人们对一类事物的共同看法，这就是信念。这说明人的认知对情绪和行为有着十分重要的作用。为了进一步说明这种作用，我们有必要熟悉一下情绪ABC理论。

情绪ABC理论是由美国心理学家埃利斯创建的。他认为：(1)人既可以是有理性的、合理的，也可以是无理性的、不合理的。当人们按照理性去思维、去行动时，他们就会很愉快、富有竞争精神及行动有成效。(2)情绪是伴随人们的思维而产生的，情绪上或心理上的困扰是由于不合理、不合逻辑的思维所造成的。(3)人具有一种生物学和社会学的倾向性，即任何人都不可避免地具有或多或少的不合理思维与信念。(4)人是有语言的动物,思维借助于语言而进行,不断地用内化语言重复某种不合理的信念,这将导致无法排解的情绪困扰。

由此,他得出了一个结论:激发事件A(activating event)只是引发情绪和行为后果C(consequence)的间接原因,而引起C的直接原因则是个体对激发事件A的认知和评价而产生的信念B(belief),即人的消极情绪和行为障碍结果(C),不是由于某一激发事件(A)直接引发的,而是由于经受这一事件的个体对它不正确的认知和评价所产生的错误信念(B)所直接引起。换句话说,你由于心理压力而产生的生理或行为上的反应并不是由那些使人感到紧张的事件或者环境决定的,而是由你对这些事件或者是环境的主观看法决定的。

既然产生心理压力的一切根源缘于我们的信念(信念是指人们对事件的想法、解释和评价等),那么面对压力事件我们就必须做到:第一,找到自己不合理的信念;第二,与不合理信念进行辩论;第三,形成新的合理的新认知。

由情绪ABC理论分析日常生活中的一些具体情况,我们不难发现人的不合理观念常常具有以下三个特征:

1.绝对化的要求

绝对化的要求是指人们常常以自己的意愿为出发点,认为某事物必定发生或不发生的想法。它常常表现为"必须""应该"或"一定要"等。例如,"我必须成功""别人必须对我好"等。这种绝对化的要求之所以不合理,是因为每一个客观事物都有其自身的发展规律,不可能以个人的意志为转移。对于某个人来说,他不可能在每一件事上都获得成功,他周围的人或事物的表现及发展也不会以他的意愿来改变。因此,当某些事物的发展与其对事物的绝对化要求相悖时,他就会感到难以接受和适应,从而极易陷入情绪困扰之中。要改变绝对化要求,不妨以"希望"一词取代"必须""应该"等,你可以希望成功并祈求成功,但是不能保证一定会成功。

2.过分概括化

这是一种以偏概全的不合理思维方式的表现,它常常把"有时""某些"过分概括化为"总是""所有"等。用埃利斯的话来说,这就好像凭一本书的封面来判定书的好坏一样。它具体体现在对自己或他人的不合理评价上,典型特征是以某一件或某几件事来评价自身或他人的整体价值。例如,有些人遭受一些失败后,就会认为自己"一无是处、毫无价值",这种片面的自我否定往往导致自卑自弃、自罪自责等不良情绪。而这种评价一旦指向他人,就会一味地指责别人,产生怨怼、敌意等消极情绪。因此,需要记住,"金无足赤,人无完人",每个人都有犯错误的可能性。

3.糟糕至极

这种观念认为如果一件不好的事情发生,那将是非常可怕和糟糕的。例如,“我没当上主任,不会有前途了”。这种想法是非理性的,因为对任何一件事情来说,都会有比之更坏的情况发生,所以没有一件事情可被定义为糟糕至极。但如果一个人坚持这种“糟糕”观时,那么当他遇到他所谓的百分之百糟糕的事时,他就会陷入不良的情绪体验之中而一蹶不振。

俄国作家契诃夫说过这样一句话:“要是火柴在你的衣袋里燃起来了,那你应当高兴,而且感谢上苍——幸亏你的衣袋不是火药库。”因此,在日常生活和工作中,当遭遇各种压力时,要想避免情绪失调,就应多检查一下自己的大脑,看是否存在一些“绝对化要求”“过分概括化”和“糟糕至极”等不合理想法,如有,就要有意识地用合理观念取而代之。

改变认知的内容十分丰富,培育“阳光”心态也不失为一种好的情绪调控法,这里略做介绍。

“阳光心态”的提法源自于心理学成长中的一个重大转折——从消极心理学向积极心理学的转变。如今,积极心理学已经成为当代心理学发展的一个主流。

美国心理学家曾将一起长大或分开养育的同卵、异卵双胞胎作为调查对象,研究了他们的幸福相似性。在这项确定幸福的差异与基因差异的研究中,心理学家发现,每个人因为其出生环境、遗传等因素影响,会拥有他个人特有的幸福基线,即大脑系统默认的快乐程度。幸福基线水平大体由个人的基因决定,但并不是幸福基准水平低的人就永远只能在不愉快和悲观中度日。“幸福可以通过思想训练而获得”,这是积极心理学一个很重要的观点。每个人都可以通过学习幸福的方法,来提升个人的幸福感。学会拥有阳光的心态,不断给自己正面、积极的心理暗示,可以有效地提升一个人的幸福基线水平。

心态体现人生的高度,良好的心态影响个人、家庭、团队、组织。铁路职工的压力源,有一些是自己无法掌控、企业无法解决的,面对现实,抱怨、烦躁、焦虑、自弃都没有意义,最好的办法是调整好自己的心态,不能“改变”环境就适应环境,不能“改变”别人就改变自己,不能改变事情的结果就改变对事情的态度,力能及则尽力,力不能及则尽意。

(二)学会合理的情绪表达——倾诉法

承受压力的人,要么紧张而躁动不安,要么焦虑而优柔寡断,要么压抑而无处释放,总之,最显著的表现就是情绪异常。任何一种情绪,当它产生之后,常常伴有能量的蓄积,蓄积的能量需要释放出来。如果总是蓄积而不释放,导致无法承受之重,难免会对身心造成极大的伤害。心理学上的C型性格,是一种与癌症发生有关的性格类型。C 型性格的人并不是没有情绪，只是在释放情绪和压制情绪之间，他们选择了后者。长期的压制情绪会导致身心始终处于紧张状态，如果身心得不到有效放松，身体相应也会产生更多的毒素，因而更易引起各种疾病。人在失意或遇到压力时，最需要关心和帮助。此时，倾诉就是一种很好的释放情绪的方法。

倾诉，选择对象很重要。有这样一部电影，一位了不起的商人，他在商场上是所向无敌的，但是，他的生活和感情总是跌入深谷，他觉得世间已经没有多少人可以值得信任了，于是，他会选择对树诉说，他喜欢对着树倾诉自己的烦恼，倾诉自己的情感。人在自然环境中容易感觉心情舒畅，这是因为人体分泌了一种叫作“内啡肽”的激素，这种激素可以让人愉悦、身心得到放松，所以又将“内啡肽”称为“快乐激素”。因此，心情不好的时候去运动、郊游，在无人处高喊、哭泣，把负面的情绪宣泄出来，这是释放情绪的好途径。也许，哪天你在街上看到一个人对着树说话，请不要轻易把他诊断为精神病，说不定他是个了不起的人。当然，对大树诉说，这是倾诉对象的一种，也是比较特别的，而更多的时候，还是要建立属于自己的感情交际网络，亲人、同事、同学是首选，必要的时候，领导、心理咨询师也是不可或缺的人选。

「故事分享」

倾诉过度

镇上的人们也仍然叫她祥林嫂，但音调和先前很不同；也还和她讲话，但笑容却冷冷的了。她全不理会那些事，只是直着眼睛，和大家讲她自己日夜不忘的故事——

“我真傻，真的，”她说，“我单知道雪天是野兽在深山里没有食吃，会到村里来；我不知道春天也会有。我一大早起来就开了门，拿小篮盛了一篮豆，叫我们的阿毛坐在门槛上剥豆去。他是很听话的孩子，我的话句句听；他就出去了。我就在屋后劈柴，淘米，米下了锅，打算蒸豆。我叫，‘阿毛！’没有应。出去一看，只见豆撒得满地，没有我们的阿毛了。各处去一问，都没有。我急了，央人去寻去。直到下半天，几个人寻到山坳里，看见刺柴上挂着一只他的小鞋。大家都说，完了，怕是遭了狼了；再进去，果然，他躺在草窠里，肚里的五脏已经都给吃空了，可怜他手里还紧紧地捏着那只小篮呢。……”她于是淌下眼泪来，声音也呜咽了。

……

她就只是反复地向人说她悲惨的故事，常常引住了三五个人来听她。但不久，大家也都听得纯熟了，便是最慈悲的念佛的老太太们，眼里也再不见有一点泪的痕迹。后来全镇的人们几乎都能背诵她的话，一听到就烦厌得头痛。

“我真傻，真的。”她说。

“是的，你是单知道雪天野兽在深山里没有食吃，才会到村里来的。”他们立即打断她的话，走开去了。

……

她未必知道她的悲哀经大家咀嚼赏鉴了许多天，早已成为渣滓，只值得烦厌和唾弃；但从人们的笑影上，也仿佛觉得这又冷又尖，自己再没有开口的必要了。她单是一瞥他们，并不回答一句话。

……

这是鲁迅作品《祝福》中祥林嫂的倾诉。一方面，作为母亲，祥林嫂无时无刻不想到她的阿毛，她是通过倾诉来寄托自己对儿子的思念，也是通过倾诉责备自己的“真傻”，这是她释放情绪的一个办法和途径。另一方面，祥林嫂不分时间、地点、情景，逢人便讲，无时不讲，慢慢地，也觉得“自己再没有开口的必要了”。

（三）视学习为生命的状态——“充电法”

人是铁路运输安全中的主要因素，心理学研究表明，当我们所拥有的可控信息越多的时候，我们对事故发生的恐惧感会显著减少。现在大量新技术、新设备投入使用，为铁路安全运营提供了坚实可靠的硬件基础，充分体现了“科技保安全”的理念。自觉、主动学习钻研新技术、新设备，按技规操作，实行标准化作业，这样我们手中的可控信息将越来越多，从而我们对事故发生的恐惧感会有效减缓。让标准成为习惯，将“要我安全”与“我要安全”相统一，是铁路职工确保安全生产的着力点。因此，加强学习，提高专业技术能力，是实现铁路职工自我心理调节的有效手段。

心理学家指出，一个真正活得踏实的人是获得“个人安全感”的人。个人安全感的最主要的成分就是对自身能力的信念。具体到工作层面，当一个人对工作高度胜任时，就不会有很大的压力，而且能把压力当成挑战和机遇。所以，铁路职工要把学习变成自己的一种生活状态，树立终身学习理念，不仅学技术、学业务，还要学文史哲，腹有诗书气自华，一个充满自信的人，是不会被压力所压倒的。

（四）进行适宜的肌体训练——放松疗法

一个人的心情反应包含“情绪”与“躯体”两部分。假如能改变“躯体”的反应，“情绪”也会随着改变。至于躯体的反应，除了受自主神经系统控制的“内脏内分泌”系统的反应不容易随意操纵和控制外，受随意神经系统控制的“随意肌肉”反应则可由人们的意念来操纵。也就是说，经由人的意识可以把“随意肌肉”控制下来，再间接地把“情绪”松弛下来，建立轻松的心情状态。基于这一原理，“放松疗法”就是通过意识控制使肌肉放松，同时间接地松弛紧张情绪，从而达到心理轻松的状态。

进行放松训练，首先要体会一下紧张与放松之间有什么差别。可以用这样一个方法感受一下：紧握右手拳头，并持续5～7秒，注意体验有何感觉，尤其是体验不舒适感。接着，很快将手放松，持续15～20秒，此时看是否有手臂温暖的感觉。还有一个更简单的检验方法：紧张时，指温冰凉，心跳快速，肌肉紧绷；放松时，指温温热，心跳和缓，肌肉放松。在了解放松感觉后，再进行放松训练。

放松方法很多，如渐进性肌肉松弛法、静坐冥想法、自律训练法、生物反馈法、自我催眠法等。这里介绍几种操作简单、效果明显的放松训练方法：

训练方法一：身体躺下，把注意力集中在右手，右手握紧拳头，持续大约5秒后，再松开，肌肉放松。注意观察完全放松后的右手与自然放松的左手的感觉有什么不同。然后再用左手重复做一遍。接着以相同方法对手臂、脸、颈部、肩部、腹部、臀部、股部、小腿、脚的肌肉，重复练习。

训练方法二：把注意力集中到对身体沉重感的体验上，能够使人放松。躺在床上，闭上眼睛，自然呼吸，把注意力集中在双手或双脚上，全身肌肉极度放松。然后默念自我暗示的语句：“我的左手越来越沉重了”“我的右手越来越沉重了”“我的双脚越来越沉重了”“我的全身都越来越沉重了”。在默念过程中如果有与四肢沉重感无关的意念，就要立即停止，重新来过。

训练方法三：仰卧床上，两手自然伸直，两腿舒展，自然分开，与肩一样宽，脚尖向外。两眼向上平视一下，再把眼光收回到眉中间，向鼻尖看，一直看到脐下小腹部，意守下腹；再闭上眼睛、嘴唇，用舌抵上颚，深呼吸24次，并同步意念“呼”“吸”，之后改为自然呼吸。如果尚未放松或入睡，可重复进行几次，但一般不过多地重复。

训练方法四：首先躺下，也可坐在一张靠背的椅子上，闭上眼睛，在头脑里想象一些比较熟悉或比较向往的景象。如可想象你漫步来到一片绿油油的草地，草地里长着各色小花，芳香扑鼻。这时往前走，隐隐约约听到了清脆的流水声音，原来是一条清澈的小溪，几条小鱼儿在逆水往上游着。你弯腰试着去抓，水很清凉怡人……你可以再想象下去。要有身临其境的感觉，五官、身体都处于美好的感受之中。

想象的题材很多，如辽阔平展的海滩、山清水秀的森林、轻歌曼舞的仙境等。不要想象过于刺激的东西，你在想象的场景里，是闲适舒缓的，你感受的都是一些舒适的景象。你从想象中得到放松、得到愉悦，暂时忘却了失眠带给你的紧张，说不定在美好的遐想中就酣然入梦了。

除了这些训练之外，还有许多放松的方法，像蒸发压力、养宠物、听音乐等。关于听音乐，再多言几句。科学发现，听音乐可以减少压力、减缓心跳，并能降低血压。一般来讲，慢节奏的音乐要比快节奏的音乐更舒缓，弦乐器比管乐器更柔美，轻音乐比演唱会更轻柔。要想得到音乐的帮助，首先要选择适合你情绪的音乐，同时，逐渐改变音乐来反应你想要的情绪。

（五）加强身体锻炼——运动法

锻炼不仅能使自己的身体素质和技能得以改善和提高，还能使精神状态和不良情绪得到较好的调节与释放。它可以排忧解难，给人带来快乐和舒畅，内心也会变得轻松而愉悦。

根据情绪调节的疏导性原则，通过一定的渠道做合理的宣泄，才是调控消极情绪的有效方法，也是最直接最简单的方法。在这多种的宣泄渠道当中，运动是一个极其重要的宣泄渠道，不同的情绪问题可以通过不同运动加以宣泄，并且运动相对来说很方便并且成本低，因此用运动来宣泄情绪是一个极其有效的办法，下面我们就如何通过不同的运动来实现情绪的宣泄进行简单的介绍。

紧张的情绪：面对巨大压力时，人们往往产生紧张不安的情绪，这个时候需要一些运动量不大的休闲运动加以缓解，比如骑单车郊游、钓鱼这一类休闲运动，可以让生活的节奏暂时放缓一下，调节自己的心态，准备以更好的心理状态面对压力。一项研究表明，最好的减压手段是中国的太极，这是一个源远流长的中国神操。在太极运动中，圆润的速度、精确的动作，需要反复将你身体的重量来回移动，这样可以让你全身的肌肉得到运动，还可以让你有节奏地呼吸。因为运动缓慢而流畅，可以使你的肌肉得到放松，使你的心情平静下来，同时改善你的平衡、力量和灵活性。

压抑的情绪：当我们遭遇挫折而又不愿意向人倾诉时，往往悲伤的心情就在心理累积，严重者可能会造成抑郁，只要将心中的压抑发泄出来，事情就会好转。这个时候我们可以进行一些剧烈的运动，比如篮球、足球等，在激烈的对抗中发泄自己内心的压抑。

悲落的情绪：当我们面临悲伤失落的情绪的时候，个人精神萎靡不振，这个时候需要一些相对带有娱乐游戏性质的体育运动来传递给我们一种积极向上的欢乐情绪。比如，在我们心情悲伤的时候，我们可以参加一些趣味的运动项目，最好是一些集体的趣味运动，在集体的欢乐环境中改善自己悲伤的情绪。

愤怒的情绪：愤怒情绪的宣泄可以通过两种方式，一种是通过剧烈的运动来直接宣泄自己的愤怒；另一种是通过前面提到的休闲运动来让自己的情绪平静下来，摆脱愤怒情绪的困扰。

(六)"吾日三省吾身"——自净法

"金无足赤,人无完人",在学习工作中,人不可能不犯错误,经常反躬自省,认识错误,这样就会消逝压力,使内心轻松起来。

曾子曰:"吾日三省吾身,为人谋而不忠乎?与朋交而不信乎?传不习乎?"能够做到"三省吾身",这是修齐治平的基石。反省之后,又该如何?

曾子对他的学生子襄讲什么是勇敢,就直接引用孔子的话,他说:"你喜欢勇敢吗?我曾听孔子说过什么是最大的勇敢:自我反省,正义不在自己一方,即使对方是普通百姓,我也不恐吓他们;自我反省,正义在自己一方,即使对方有千军万马,我也勇往直前。"

在反省中自净,在自净中反省,你心中的压力自然会烟消云散。

(七)予人玫瑰,手有余香——微笑法

世界微笑日是唯一一个庆祝人类行为表情的节日,从1948年起,世界精神卫生组织将每年的5月8日确定为世界微笑日,使这一天变得特别温馨。

微笑,不单是一种表情,更是一种感情,它犹如春风与美酒,滋润着人们的心灵,沟通着人们的情感,化解着人际间的矛盾,代表着和美的道德指引。微笑是人生最好的名片,谁不希望跟一个乐观向上的人交朋友呢?真正甜美的微笑,是和蔼的体现、亲切的象征,往往比言语更真实、更富魅力。面露平和欢愉的微笑,说明心情愉快,充实满足,乐观向上,善待人生。父母的微笑传递着慈爱,师长的微笑传递着鼓励,朋友的微笑传递着真诚,同事的微笑传递着信任,领导的微笑传递着亲善。

让我们嘴角上翘,一起微笑吧。经调查研究,皱一下眉头需要牵动20块肌肉,而笑一笑只需要牵动13块肌肉。更主要的是,皱一下眉头,使人心情不快,微微一笑,让人心身舒展。"我看青山多妩媚,料青山看我亦如是",在你对别人的微笑里,也会看到世界对你的微笑。这样美好的特权,何必吝啬。

(八)不赶时髦——坚持自己的生活方式

铁路职工的业余生活往往是"随大流",卡拉OK风靡时就"OK",街舞流行就跟着蹦,而沿线职工业余生活又比较单一,多是打牌、玩游戏,职工之间的交流也多在喝酒聚餐中进行,长此以往,不仅对健康不利,还影响家庭的和谐。其实,每个人的业余生活大可不必"赶时髦"。喜欢运动的,可以参加各种体育活动;喜欢艺术的,可以读书、写作;喜欢旅行的,可以登山、赏景;喜欢交友的,可以茶叙小酌。这些都是有益于身心健康的活动方式。

压力调适的方法还有很多，这里不再一一罗列。只有适合自己的，才是最好的。这些方法的应用，不是一成不变的，也不是机械单一的，需要我们在日常生活中进一步去摸索和创造。其实，我们固然要学习压力的管理方法，但更应超越这些管理方法。引用一位哲人的话："有两样东西，我对它们的思考越是深沉和持久，它们在我心灵中唤起的赞叹和敬畏就越历久弥新，一是我们头顶上浩瀚灿烂的星空，一是我们心中崇高的道德法则。"一个人，随着自己经验的积累、阅历的丰富、修养的提升、智慧的增长，会视压力为机遇和财富，变逆势为顺势，成为自己前行的精神力量。

第四章 心理疏导知多少

如果人类的心灵一直忙于把每件不如意的事情往悲剧的方向想，则不需要敌人的出现，自己就先崩溃了。

——塞缪尔·理查森

能解决的事，不必担心；不能解决的事，担心也没用。

——西藏谚语

「案例链接」

万般内疚为了谁

1991年秋，哈佛大学的一个外国女留学生，因为不堪忍受学习压力而自杀。这件事在哈佛校园内引起了不小的震动，岳晓东博士与两位心理咨询中心的同事被邀前往为死者的同学做团体咨询，帮助他们宣泄对此事的恐慌情绪，扫除心理上的阴影。其中有个女孩子哭得很伤心，被人搀扶出去。当时岳晓东博士跟了出去，做了一些劝慰并告诉她，如果仍然感到难受，可到心理咨询中心来找自己。

两天后，那个女生来见岳博士。她叫佳莎，与死者是室友，同在读研究生，也非常要好。出事前几天，那个室友两次在深更半夜找佳莎聊天，都被佳莎挡了回去，一次因为正在赶写第二天要交的作业，另一次因为刚睡下，头昏脑涨，不过佳莎答应室友第二天晚上去找她。不料，第二天中午室友已服安眠药自杀了。佳莎感到自己是个罪人，感到自己的精神在崩溃，不知道这样活着有什么意义。

面对佳莎的痛苦，岳晓东博士首先表现了最大的同感和理解，并建议她先搬到外面哪个朋友家住一段时间，以缓解一下当前的紧张情绪，避免痛苦的回忆。同时，建议她这些日子多与朋友在一起，多参加些活动。但是佳莎说就是做了这些，她还是忘不了死去的室友，还是感到良心备受谴责。

在谈话中，佳莎总是将室友的死与自己的冷漠和粗心扯到一起。为了尽力帮助佳莎从内疚的精神折磨中解脱出来，改变认识问题的方法，岳晓东博士更多地了解了佳莎以往的生活经历。原来，室友的死勾起了佳莎的痛苦经历的回忆，她想起了表姐的死。她和表姐的关系非常好，她认为如果能够多陪陪表姐，也许她就不会出事。佳莎对室友之死的过分自责，实际上是在继续悼念表姐的死，这样揪住自己不放，是在懊悔当初未能及时觉察表姐的自杀举动。

至此，岳晓东博士看清了佳莎问题的根源所在，使帮助她有了方向。通过交流，佳莎把一直憋在心里的对表姐和室友之死的懊悔之情彻底讲了出来，以前佳莎在表姐死的时候，曾好多次想跟父母把这些痛苦讲出来，可是她父母总是劝她过去的事就让它过去吧，不要想这么多。佳莎虽然承认她父母的话有道理，但她做不到，她父母无法理解她和表姐的深厚感情，所以要忘掉表姐是根本不可能的。

在岳晓东博士的帮助下，佳莎明白了她父母想让她尽快忘掉那段不快的往事，只是一种回避问题的做法，本质上并没有解决问题。现在，佳莎把当初的精神痛苦都讲了出来，使它不再干扰自己的情绪，折磨心灵。同时，佳莎进一步明白她的自责在很大程度上没有必要，因为表姐和室友的问题已超出了佳莎的能力范围，她们需要接受专业人员的帮助。而且，佳莎自己认为从这些事件中吸取了教训，表示今后要变得细心一些，善解人意，做人的功夫的确比做学问的功夫更重要，还要学会遇着不顺心的事从不同角度来认识，那样才能把事情摆平。

佳莎终于解脱了自己，对生活充满了信心。

佳莎之所以最终解开了“未完成情结”，主要得益于岳晓东博士运用“精神分析”的方法，通过心理疏导，帮助她领悟到了室友之死和表姐之死的关联后，彻底宣泄掉了埋藏在心灵深处的创痛，最终摆脱了内疚对自我的煎熬，不但解开了“心结”，而且获得了认知层面的提高，使自己成熟、成长。那么，什么是心理疏导？通过这个案例，你是否对心理疏导能够帮助人们增强心理健康和精神快乐有所感悟呢？

一、揭开心理疏导的面纱

（一）心理疏导是什么

心理疏导是运用心理学的理论和方法，以语言为主要交流方式，帮助有心理问题的人改变原有认知结构和行为模式，提高对工作和生活的适应能力，维护和增进身心健康，促进个性发展和潜能开发的过程。

“运用心理学的理论和方法”。例如：精神分析法、理性情绪疗法、行为主义、人本主义等各流派疗法，心理测试、心理画、角色扮演、会谈技术、行为矫正技术等。心理疏导包括心理咨询，但比心理咨询的范畴更加宽泛，除了主要运用心理学知识，还会用到管理学、哲学等知识。

“以语言为主要交流方式”。在交流过程中，主要是倾听、提问、说服、化解。除了语言为主的交流方式，也要重视沟通中的非语言交流，通过表情、身体语言、语音、语调等表达信息。

“帮助有心理问题的人”。人的心理问题存在于人生的每一个阶段，生活在现实社会中的每一个人都存在一定程度的心理问题。换句话说，人的心理问题是普遍存在的，只是程度不同而已。发生在正常人身上的情绪问题、适应问题、应激问题、人际关系问题等心理困扰，自己可以调整，企业也可以通过培训等形式帮助人们进行适当的心理疏导，使其不良情绪得到宣泄，心理压力得到缓解，调动自身的潜能。如果有焦虑性障碍、抑郁性障碍、恐怖性障碍、强迫性障碍等轻度心理障碍，活动基本正常，但效率明显下降，在一定程度上干扰了正常的生活，除了接受心理咨询、进行心理疏导之外，还需做心理治疗。而“精神疾病”，如精神分裂症等，则不属于心理疏导的范围。对心理问题进行梳理的目的，是想让我们明白，一个人的身体会感冒，心理也会“感冒”，这并不可怕，从某种意义上讲，它是生命过程的正常组成部分，心理疏导面对的是这些偶尔“感冒”的心理正常的人。

“改变原有认知结构和行为模式”。心理问题最常见的是情绪问题，心理疏导简单说来是一种情绪的疏导。有些人遇到了与心理相关的现实问题，如工作压力大、人际关系紧张、亲子关系问题、职业选择困扰、失恋、离婚等问题，导致人产生委屈、郁闷、烦躁、愤怒等情绪时，这些情绪偶尔有一回不算什么，如果经常处于这种状态，就要针对其进行化解和引导，避免其情绪向极端发展。

情绪与认知结构和行为模式有什么关系呢？20世纪50年代，美国著名心理学家埃利斯在美国创立了心理咨询的理性情绪疗法，其核心理论是ABC理论。该理论认为，诱发事件A是引发情绪和行为后果C的间接原因，而引起C的直接原因则是B。B指个体对诱发事件A的信念，即解释、看法和评价，是个体在遇到诱发事件之后相应的认知。ABC理论用一句话来表达，即B导致了C，而不是A导致了C。上升到哲学的理念，其结论就是：不是事情本身使你不快乐，而是你对这事情的看法使你不快乐。

不同的信念会导致不同的情绪和行为反应。一些不合理的信念常常在不经意间影响了我们的生活，甚至将我们的生活弄得乱七八糟。智慧，就是在思维智慧的空间去掉不合理的认知结构。

「故事分享」

米开朗琪罗:去掉多余的石块

《大卫》是意大利文艺复兴时期伟大的雕塑家米开朗琪罗的代表作,是文艺复兴人文主义思想的具体体现。当时,有人问米开朗琪罗:“你是如何创造出《大卫》这样的巨作的?”他答道:“很简单,我去采石场,看见一块巨大的大理石,我在它身上看到了大卫。我要做的只是凿去多余的石头,去掉那些不该有的大理石,大卫就诞生了。”

就像米开朗琪罗去掉多余的石块那样,人们应该去除绝对化、概括化、灾难化等不合理信念,这些信念都是极端的思维,极端的思维将会导致极端的行为和结果。

「知识拓展」

华伦达心态

华伦达是美国著名的高空钢索行走表演者,1978年,在一次重大的表演中不幸失足身亡。他妻子在事后说,这次表演肯定会出事,因为这次有一个重要人物在场,华伦达在上场前总是不停地对自己说,这次演出太重要了,必须成功,不能失败。而以前每次成功的表演前,他只想着走钢索的表演过程,而绝少考虑表演的结果。这种要求“必须成功,决不能失败”的心态导致了华伦达巨大的心理压力,并直接导致身亡。后来,心理学家把这种现象叫作“华伦达心态”。也就是,目的性越强,越不容易成功,主要是精神压力太大了。

当人的认知改变时,对事件的加工可能从消极变为积极,从被动变为主动,人的情绪和行为也会随之发生相应的变化。针对不合理信念的三个主要特征,你有没有想过,我们如果改变一下我们的认知,转换一下看问题的角度,我们的情绪将会大大好转。我们可以用“希望”一词替换“一定”“必须”这样绝对性的词,用“具体化”替换概括化思维对自己的全盘否定,用“面对、接受、改变,实在无法改变的情况下好好地活下去”的思维去代替灾难化的糟糕至极。如果这样,我们会以积极的心态去应对生活中所遇到的挫折和挑战。

“提高对工作和生活的适应能力,维护和增进身心健康,促进个性发展和潜能开发的过程。”这是心理疏导的主要目的,其终极目的与心理咨询一样,最终是达到“助人自助”,即心理疏导的作用不是主宰他人的命运,而是要推动他人去主宰自己的命运,不是替他人决策,而是要帮助他人积极地面对现实,独立决策。

（二）心理疏导为什么

1.为了保持人的身心健康，确立自我价值

心理疏导主要是在心理层面。缓解人们的心理压力，转变人们的不良情绪，促进人的身心健康，实现人的心理和谐，关键在于其心理疏导状况的不断提高和完善。企业的和谐健康发展离不开企业职工健康的身心和潜能的发挥，社会的和谐发展依赖于社会成员的健康和良好的发展状态，中国梦的实现，也要基于培养理性平和、积极向上的社会心态。

对于那些心理健康的人，心理疏导所提供的全新知识可以帮助他们认识自己与社会，处理各种关系，以便更好地发挥人的内在潜力，实现自我价值。

对于那些遇到心理问题的人，可在心理疏导的帮助下逐渐改变与外界格格不入的思维、情感和反应方式，并学会与外界相适应的方法，提高工作效率，改善生活品质。

「案例链接」

我总是与别人意见不合

“我总是与别人意见不合，却又不知怎样去化解矛盾，有时候很影响我的人际关系，能告诉我如何处理人际关系吗？”

专业人员的帮助：人总有与别人发生矛盾的时候，当你与人意见不合争执起来，或者你不幸遇到某人专门与你过不去，你有三种选择去处理：一是主动回避，减少冲突，眼不见心不烦。当然这样一来，你的交往圈子就会越来越小。二是主动化解。矛盾往往来自于误解，如果你能让身边的人完全信任你，误解的可能就少了。不过，这样你自己比较累，需要你单方面付出很多。三是示强，针锋相对，看看谁厉害。这招对怕事的人很有效，但对爱招事的人就大错特错，结果会让自己灰头土脸。

该案例节选的是著名心理医生李子勋先生给求助者的帮助，他对这个问题的解答其实就是一个心理疏导过程。李子勋先生在给予帮助时，除了以上节选的内容，他还谈到了中国传统文化中的一些处世哲学以及心理学的人际关系原则。

2.为了预防安全隐患

铁路企业的安全风险管理工作，要求我们在基础的心理层面发现危及安全生产的问题，用心理疏导的方法提前预防和解决。心理疏导的过程本身就是疏通和引导的过程，疏导的重心不在彻底排除心理障碍，而在于预防心理症状的发生。中医历来防重于治，《黄帝内经》记载：“上医治未病，中医治欲病，下医治已病。”医

术最高明的医生并不是擅长治病的人，而是能够预防疾病的人。作为上医，看似无为，其实是无为而为。

「知识拓展」

扁鹊三兄弟哪位医术最高

《史记》中有个故事：魏文侯问扁鹊，你们兄弟三人谁最擅长医术？扁鹊说："大哥最擅长，二哥次之，自己最差。"理由是：大哥看病，重在望其神态，善于在病害形成之前就能消除病因，所以他的名声传不出家门；二哥治病，在发病初期就能将其消除，所以他的名声传不出街巷；而自己看病，是在病重时用针刺、猛药，救人于危重之时，所以名声反而很大。

安全工作始终遵循"安全第一，预防为主"的方针，这是扁鹊的大哥一类人的做法；查隐患，搞整改，发现小问题及时处理，把事故消灭在萌芽状态，这是扁鹊的二哥一类人的做法；等出了大问题再处理，请高超的技术专家，耗高额的费用，彰显领导之才能、专家之技能，这是扁鹊一类人的做法。扁鹊的大哥这样的人能够准确把握事物发展的"势"，以小见大，见微知著；扁鹊式的人物是处理突发事件的最后一道防火墙，将事故的危害降低到最低程度。尽管每种模式对于消除事故的发生都有重大意义，但哪种模式成本低、效果好是不言而喻的。

安全对于铁路是一个长期的、永恒的主题，重视职工的"心理安全"，就是重在预防事故的发生。例如，在铁路运输生产中，不良情绪是事故的重要催化剂，但是让一个人什么都不想，像机器一样只知道干活是不可能的。现在兰州局许多站段的工班长都非常关注职工的情绪，如果哪位职工上班时情绪不对，就不给发派工单。

3.为了"助人自助"

助人是手段，自助才是目的。从"助人自助"上来说，心理疏导其实就是要让干部职工"心气顺、心态正"。换句话说，帮助职工拥有良好的心态、合理地控制情绪是心理疏导的主攻方向。通过心理疏导，可以有效解决人们在社会生活中出现的心理困惑，减少焦虑、抑郁、紧张、恐惧、愤怒等负面情绪及其他不良的心理状态，转变对人对事的看法，改善人们的行为，并促进人格成熟，以积极的心态来面对压力，处理问题和适应生活。

虽然心理疏导能够帮助我们适应生活中的问题和困难，但它并不是治病救人的灵丹妙药，更多的是帮助人们更好地适应生活，提高生活品质，增强人们的幸福感，最大限度地增强人自身心理的修复能力，用最短的时间从心理困惑中恢复，以便更好地工作和生活。

二、说说心理疏导的技术

说服劝导是企业基层在心理疏导时最常用、最主要，也是与经常性思想工作结合最紧密的一种方法，在运用说服劝导方法开展工作时，要掌握以下心理疏导的主要技术：倾听技术、解释技术和自我开放技术。

（一）倾听技术

1.倾听是最基本的心理疏导技术。西方有句名言："上帝分配给人两只耳朵，而只给我们一张嘴巴。"这是在说倾听的重要性。倾听是一种艺术，也是一种修养。

倾听是积极地听、认真地听、关注地听，并在倾听时适度参与，比如"嗯""是的""然后呢"等。倾听不仅用耳，更要用心，不仅要听懂说服对象通过言语、表情、动作、语音、语调所表达出来的东西，还要听出他们在交谈中省略的和没有表达出来的内容或隐含的意思。举个例子来说，一个职工谈及他的人际关系时，可能有以下不同的表述方法：一是我和他有矛盾；二是我自己没处理好某些事情，造成人际关系紧张；三是别人故意找我的茬儿，造成人际关系紧张；四是真倒霉，赶上这么个破单位。从这些不同的表述中，可以洞悉这名职工的自我意识和人生观的线索。第一句是对人际关系客观的描述；第二句是以负责的态度做了自我批评，表明该职工遇事容易内归因，自省自责，自卑退缩；第三句表明是他人的错，不是自己的责任，这种人可能常推诿，容易有攻击性；第四句则含有宿命论色彩，遇事易认命。所以，当说服对象在描述人和事时所使用的词语或结构，有时往往会比事件本身更能反映出来一个人的特点。这些，都需要我们认真去倾听。

「案例链接」

老王的心病何以解

某班组一名驾驶全进口特种车辆的驾驶员，在家中突发脑溢血去世。为及时调度好车辆和驾驶员，保障生产任务，作业长找到职工老王商量换班事宜。不料想，老王态度坚决地不愿再驾这辆"晦气车"，更令人意外的是，老王竟请了一周的病假。当时，人员和车辆都很紧张，而这种特种车辆对驾驶员的要求又很高，如果不能妥善安排，将无法完成每天满负荷的工作任务，甚至会影响全线生产。作业长只好向车间支部书记求助。

支部书记刚好经过企业心理学知识的系统培训，学习了心理疏导知识，在沟通时，避开了"为什么不愿顶班"的敏感话题，从询问老王近期工作、家庭情况以及身体情况入手进行沟通。随着沟通的进一步深入，老王打开了话匣子。原来，老王与去世的职工关系很好，好友的突然去世让老王时常情绪低落，有时会出现去世的伙伴还健在的幻觉。此外，工作伙伴的英年早逝给老王带来巨大的心理冲击，因此，他近期经常感到手脚发麻，认为这是脑梗的前兆，他将这一切都归因于那辆特种车，才有了“晦气车”一说。作业长在安排驾驶岗位的过程中与他沟通不够深入细致，引发了老王的抵触情绪，所以才会拒绝顶岗，请一周病假。

在交谈过程中，支部书记一直耐心地听老王的每一句话，丝毫没有打断他的意思，在表达理解的同时，帮助其宣泄。“心病还得心药医”，经过谈心和疏导，书记开出了解决问题的处方：(1)到医院进一步检查。不久，医院的检查结果排除了“脑梗”隐患的可能性，只是普通的颈椎病，让老王一块石头落了地。(2)针对老王还没有从伙伴去世的阴影中走出来，党支部建议给他两周的缓冲期，暂时继续从事原来的岗位。(3)对转岗顶班问题进行充分沟通，让老王明白驾驶这种特种车辆对工区的重要性，也是组织对他的信任。

两周后，老王正式上岗，他表示愿意担负起驾驶该特种车辆的重任，完成好工作任务。

这是一则来自宝钢的案例。读完这个案例，“老王的心病何以解”谜底已经十分明朗，其关键在于支部书记与老王沟通中很好地运用了倾听技术。倾听的目的有两个：一是可以为对方提供宣泄的渠道，二是便于收集更全面的信息。正是运用了倾听技术，支部书记在沟通的过程中，能注意到当谈及去世的工作伙伴时，老王的语音语调发生了变化，情绪突然低落下来。书记敏锐地观察到了这一变化，在表示理解并耐心询问下，获得了有价值的信息。

2.倾听过程中应注意：(1)勿急于下结论，勿轻视对方的问题；(2)勿干扰、转移、中断对方的话题；(3)勿过多自我暴露，将谈话的焦点放在自己身上，来访者反而变成了倾听者；(4)勿对来访者话题过早做道德或是非的评判；(5)勿随便给来访者建议，帮助来访者自己做决定胜于为来访者做决定；(6)勿出现多次转换话题的情况，给人一种你有意避开谈论此话题的感觉。

(二)解释技术

1.解释是用心理学理论来描述说服对象的思想、情感和行为的原因、实质等。解释技术使当事人从一个更新和更全面的角度来重新面对困扰、周围环境及自己，并借助于新的观念和思想来加深了解自身的行为、思想和感情，从而产生领悟，提高认识，促进变化。

解释技术的重点是掌握心理学的相关理论，解释是说服劝导法中最复杂的一种技术,需要借助理论和经验,针对不同的问题做出不同的解释。

「案例链接」

他为什么会尿裤子

某银行遭到抢劫,在这一突发事件中,有一个男职员尿裤子了,恰巧被身边的女同事看见了,事后他觉得特别的羞愧和内疚。在心理疏导的过程中,专家尝试让他和女同事理解,这是祖先遗留下来的面对危机的反应之一,在了解了这些之后,男职员的心理反应慢慢消失了。

案例中的男职员羞愧和内疚的心理反应之所以会慢慢消失,是因为专家的解释让他明白,面对危机,有的人愤怒,有的人否认,有的人还会晕倒,而他的反应是尿裤子,这没有什么问题。哺乳动物在面临袭击逃逸之前多会排尿,这有生存意义,至少排尿后体重减轻有益奔跑。这些人类祖先的生存反应,我们今天仍会看到,只是有的时候,我们不一定能够体验到自己的情绪,感受不到紧张害怕或是低落不高兴,但表现出来的是很明显的身体反应,如脖子发僵、尿频、心脏不适等。

2.解释过程中应注意:(1)简述语意,用自己的话简单扼要地将当事人所表达的内容回应给对方,传递关心与用心,帮助对方理清思路,找出症结。(2)避免解释过于表面化,或叙述不清,或缺乏说服力。(3)解释应因人而异,对文化水平较高、领悟能力较强者,解释时可以深些、系统些、全面些。对于理解能力不够强,文化水平较低者,应尽量解释的通俗易懂。(4)不能把解释强加给当事人。

(三)自我开放技术

1.自我开放技术亦称自我暴露,指我们在开展说服劝导的过程中提出自己的情感、思想、经验与当事人共同分享。通过自我开放,来求得当事人更多的自我开放,提高认同感,并帮助对方进行理性思考,探求问题的根源。

自我开放在面谈中十分重要。当对方面对困难陷入绝境时,我们可能会说:“我很理解你现在的处境,这种选择是痛苦的,因为我曾经也遇到过类似的事情。”当对方情绪达到峰值时,我们也许会说:“你现在的心情我能够体会,面对这样的压力和打击难免会情绪失控,我能体会是因为我也曾经经历过这样的心情。”

自我暴露能使对方更多地自我开放,提高认同感。心理学中有个“约哈里之窗”,约瑟夫和哈里认为,人们之间的人际关系能否健康发展,在很大程度上取决于各自的“自我暴露”。自我暴露相当于打开自己心里的窗户,公开自己类似的经验与对方分享,使对方得到积极的启示。

「知识拓展」

雅罗姆的分类

心理学家雅罗姆曾经把心理活动范围分为四个部分：

(1)自己知道，别人也知道——意识；

(2)自己知道，别人不知道——隐私；

(3)自己不知道，别人知道——盲点；

(4)自己不知道，别人也不知道——无意识。

按照这个分类，疏导者的自我暴露有助于缩小对方的盲点，对方的自我暴露有助于缩小隐私。通过这种方法，能够迅速拉近彼此的距离，让对方感到自己是被理解的、被接纳的，并让对方进行理性思考，找出问题的原因。

2.开放过程中应注意：(1)自我开放不仅仅是告诉当事人自己过去的一些有关的情绪体验及经历、经验，还包括向对方表明自己在会谈时对当事人言行问题的体验。(2)自我开放有一定限度，超过这个限度会对对方的感情和治疗关系具有破坏性作用。自我开放过多，也会使对方转而关心你的问题。(3)掌握时机，过早的自我开放可能使对方感到威胁，从而导致情感的退缩。

心理疏导与心理咨询一样，其最终的目的是达到“助人自助”。通过上述主要的技巧，启发对方进行理性思考和深入挖掘，通过自己的力量来探索问题的根源。

三、探寻铁路职工心理疏导的着力点

(一)心理疏导谁来做

1.由专业人士来做

心理疏导工作是一门学问，不是什么人都可以做的。做心理疏导的人要掌握一些普通心理学、社会心理学、发展心理学、变态心理学、咨询心理学等知识，善于发现说服劝导对象的心理问题，采取适当的心理疏导方式。对企业而言，可以请拥有专业知识的心理咨询师来做，可以采取一对一、一对多的方式，也可以采取集中培训的方式做心理健康讲座，或进行婚姻、家庭和工作方面的专题疏导，还可以利用专业机构资源，与专门的心理咨询室密切合作，通过开通咨询热线等方式，为职工及家属提供电话、面询等心理咨询专业服务，为职工提供心理援助的渠道，更好地满足职工的需要。

其中，开通咨询热线，不失为满足职工需要的方便而有效的形式。路局每个站段都应该有自己的热线电话,这样,职工们无论是在工作中还是生活中遇到不顺心的事情,都可以拨打这个热线向其求助。比如,铁路列车员在工作中遇到了态度强硬的乘客而受到不公正对待,那么她就可以向心理援助热线求助,通过专业的心理人员的疏导,帮助其尽快恢复心情,调整情绪,适应接下来的工作。如果通过心理疏导,心理人员发现该名工作人员的状态并不适宜马上工作,则会建议其短暂休息再投入到工作中去。

心理援助热线服务涵盖的内容很广,涉及工作中的困扰、亲子关系、孩子教育、婚恋情感、情绪宣泄等,看上去是为职工的心理健康提供保障,实际也是对企业健康运营的保障。因为,如果职工的心理状态出现问题,多会在实际工作中有所体现,这样不可避免地为单位、组织带来损失,影响工作绩效。如果每个职工每天工作的态度都是积极健康的,那么企业的整体状态也是良好向上的。

2.由组织来做

党的十八大报告指出:“加强和改进思想政治工作,注重人文关怀和心理疏导,培育自尊自信、理性平和、积极向上的社会心态。”心理疏导是思想政治工作的延伸,是思想政治工作新的方法,是把思想政治工作的触角伸向职工的心灵。因此,对企业主要从事思想政治工作的人员进行专门培训,通过系统学习心理学的知识、技能和方法,提高他们的心理疏导能力,使专业的政工人员掌握心理咨询的基本方式方法,拓展思想政治工作渠道,甚至可以选送一些人参加国家心理咨询师培训。在这样一个铁路企业管理者和职工的压力突出期,给企业思想政治工作者带来了巨大的挑战,也带来了用武之地的机遇。

铁路职工在工作和生活中,会遇到各种各样的问题和矛盾,产生各种困惑,有的反映在生产、工作上,有的反映在人际关系上,由于自己所处的环境不同、社会地位不同、自身素质不同,求得解决这些问题和矛盾的方法和行动也不同。有的通过倾诉等积极的自我调节,有的采取上访的办法,有的则不知求助而采取过激的行为。职工的一些思想、情绪问题及由此引起的行为往往会影响企业的改革、发展和稳定,解决这些问题,需要工会组织去做细致的工作,需要将心理疏导的方法运用于其中,需要在实践中摸索做好职工心理疏导工作的最佳途径。近几年,兰州局培养了一批自己的心理咨询师,在维护职工心理健康方面可以充分发挥他们的作用。

除此之外,企业行政领导及各级管理者都需要懂得一些心理疏导基本知识,共同维护和促进职工心理健康,让职工更好地工作和生活。

(二)心理疏导关注啥

心理疏导以预防为主,防止引发事故的心理隐患。如果在职工中出现以下容易诱发心理问题的情况，则要积极关注、主动干预、有所作为。

1.重大生活事件的强烈刺激

当一个人遭遇亲人病重或离世，本人重病或重伤，好友重病、重伤或死亡，意外惊吓，失恋、婚姻破裂、子女管教困难，等等，必然会引起悲伤、绝望、抑郁、焦虑、愤怒等负面情绪，在心理学上叫"应激反应"，这些事件就是"应激源"。如果遇到心理承受力较差的人，这些打击对心理的冲击可想而知，我们应当关注。

2.不良压力

压力领域之父赛利有一句名言："只有死人才没有压力。"任何人一生中都会有压力，个体的一生发展，在每个阶段都需要应付新的要求，没有压力，就没有成长。铁路职工在工作和生活中，会遇到来自多方面的压力，人们的交谈中也无不涉及林林总总的压力。虽然"井无压力不出油，人无压力轻飘飘"，但是压力绝不是越大越好，如果压力太大了，超出人的承受能力，人就会出问题，就会被压垮，甚至崩溃。还有一种压力更普遍，就是压力不十分强烈，但持续不断地存在，导致人们经常性地紧张焦虑，甚至恐惧，这不仅对人们的健康十分有害，也直接与铁路安全息息相关。

压力如何作用于我们的身心？我们可以通过心理和躯体出现的症状来判断。当工作生活压力大到我们没有好的应对方式时，压力就会渗透到潜意识层面，潜意识层面对压力的处置方式主要有两种：一种是用心理症状来表达压力，如抑郁、焦虑、强迫、恐惧等，比如一个要代表站段参加路局或总公司重要比武的职工，可能会出现焦虑症状，这些症状就预示着心理压力太大了，需要心理疏导。兰州局一些站段在职工参加类似的重大活动前，都要进行培训，心理疏导是培训的重要内容，道理就在此。潜意识层面另一种处理压力的方式就是躯体化，也就是说，把心理压力转变为躯体问题，如胃溃疡、高血压、慢性头痛等。比如，很多胃溃疡患者都是工作生活压力很大的人，他们往往在精神上表现得很坚强，但是强大的心理压力在他们相对薄弱的胃上寻找到了突破口，胃壁上的溃疡就是这一突破口的象征。

「知识拓展」

猴子因何而死

把一只猴子放在笼子里，将其双脚绑在铜条上，旁边有一个弹簧拉手，是一个电源开关，在它的前方亮一盏红灯，红灯和电击结合起来。猴子非常聪明，具有很强的学习能力，用不了几次它就知道，红灯亮后几秒钟电就来了，但是一拉开关就可以避免痛苦。实验开始，猴子每天在笼子里面6小时，红灯不停地亮，猴子忙得不亦乐乎，不敢有丝毫懈怠和疏忽，非常紧张。这个实验只做了二十几天，猴子就死了。猴子因为什么死的呢？科学家发现，它死于严重的消化道溃疡，胃烂掉了，胃溃疡是在这短短的二十几天内新得的，老担惊受怕，焦虑不安，消化液和各种内分泌紊乱，就会得溃疡。

当我们发现职工，尤其是重要岗位的职工出现压力下的心理症状时，发现职工出现压力导致的一些身体状况时，我们应当关注。

3.人际关系紧张

人际关系是衡量心理健康的重要指标之一。良好的人际关系会使人获得力量感、成就感和价值感，如果人际关系恶劣，带来的往往是猜疑、嫉妒、冷漠、怨恨、愤怒等消极情绪体验。当这些负面情绪不断地积累和沉淀，就很有可能爆发，从而导致事故的发生。因此，当我们发现一个职工人际关系紧张、被冷落孤立时，我们应当关注。

4.工作中发生意外

在工作中，职工经历同事发生意外伤亡，或者自己经历恐怖事件，我们应当关注。

5.环境变化突然

铁路改革带来的结构调整，包括管理者新任职和工人的岗位调整，高铁时代的高标准要求，这些变化将加大一些职工心理压力。当环境变化时，人们会启动心理适应机制来调整心理状态以适应环境，但是如果环境变化突然，老环境和新环境反差过大，个体适应机制反应过慢，尤其对抑郁气质突出的人，则容易形成适应性障碍，引发心理问题，我们应当关注。

6.身体疾病

身体对心理有重要影响。比如，有一个中年职工，一向体质不错，能吃能喝，从未为身体担忧过。有一天在上班时突然发病，被确诊为急性心肌梗死，医生给他做了介入手术，手术很成功，他的身体也恢复得很不错。但是，他一改以往的大大咧咧，开始过分担忧自己的身体，常常缠着医生一问就是半天，对医生开的药也不放心，而且吃饭没胃口，睡觉也不安稳。后来，医生发现，这位职工患上了焦虑症，通过心理和药物调整，情绪平静了下来。对类似这样由于躯体疾病导致的心理问题，我们应当关注。

（三）心理疏导应如何

1.心理疏导应主动

在现实生活中，有许多铁路职工对心理疏导存在误解，认为有病的人才去做心理疏导。其实，寻求心理帮助的大部分人都是没病的正常人，他们在工作中遇到了一些自己无法解决的问题，比如人际交往问题，环境适应问题，遭遇重大生活事件、亲子关系问题，家庭情感问题，工作压力问题，身体受到疾病折磨问题，等等。这些问题都是产生心理问题的重要因素。如果不及时预防，就会被这些问题所困扰，出现不良的情绪反应，不但使自己的心理健康水平有所降低，限制了潜能的发挥，还形成安全隐患。所以，对企业职工进行心理疏导时，应该主动进行，深入职工中开展工作，防止因心理原因引发事故案件。

2.心理疏导应随时

心理疏导不必像心理咨询那样有场地、环境的要求，也不必像心理咨询那样有着严格的程序和系统的方法，它可以在任何场合、任何地点进行。这种看似谈心的形式，更容易走进对方的内心，进行更好的沟通。

3.心理疏导应经常

心理疏导不是灵丹妙药，一次就能"药到病除"，不合理的观念、不健康的心理状态、童年的创伤、创伤后应激等都不是一夜之间形成的，也不可能一夜之间得到解决。因此，不能期待任何问题通过一次疏导就能解决，需要有一定程度的耐心。

四、让"心"快乐，阳光铁路

(一)活在当下

心理学有一个非常有名的公式，叫卡瑞尔公式。卡瑞尔是开创了空气调节器制造业的一位著名的工程师。年轻时，他有一次实验失败，可能给公司造成巨大的损失，他痛苦万分，彻夜难眠，后来强迫自己找到方法，非常有效。卡瑞尔所运用的这个方法后来被称为"卡瑞尔公式"，有三个步骤：第一步，直面现实，问自己，"可能发生的最坏情况是什么"；第二步，接受现实，接受这个最坏的情况；第三步，想办法改善。

卡瑞尔公式最重要的启示是：活在当下。

所谓当下，就是你现在正在做的事、你所在的地方、你周围的人；活在当下就是要把你关注的焦点集中在这些人、事、物上面，全心全意地去接纳、品尝、投入和体验这一切。活在当下，你全部的能量都集中在这一刻，生命因此具有一种强烈的张力。

现在连接着过去和未来，如果你为现在后悔，你既失去了未来，又连不上过去，你能够把握的只有现在。焦虑是预期的压力，是对未来还没发生的事情的一个不好的预期。焦虑的人往往是生活在未来，总是担心未来会发生不幸。抑郁是残留的压力，是过去对人的影响。抑郁的人是生活在过去，总是在后悔过去，自责过去做的某些事情。这两类人恰恰都忽视了现在。有时候,我们会为很多事情自责、悔恨、痛苦、烦恼,如果一味地纠结于往事,就会消沉,而且毫无意义;如果为未来的事情过分担心,你就会焦躁不安。

很多抑郁的人、焦虑的人,容易做错误联想,把后果想得很严重,仿佛在自我制造压力。

1.不必自寻烦恼——少些焦虑

你有没有过这样的时候:丈夫很晚未归,手机又不通,你开始胡思乱想,焦躁不安;孩子放学后未按点回家,你会焦躁不安,坐卧不宁;因孩子学习不理想而对孩子未来有不好的预期……这些都是焦虑的表现。焦虑是一种内心紧张不安,预感到似乎将要发生某种不利情况而又难于应付的不愉快情绪。担心自己事业或者家庭会出什么事情,焦虑的不同程度对人们的学习、工作和生活有着不同的影响。焦虑是现代社会普遍存在的一种情绪,当社会与环境因素提出的挑战越高时,人们的焦虑感也就越强。事实上,适当的焦虑能够使人保持生存的警觉性,会激发人内在的潜能,但是如果长时间处于焦虑中不能自拔,就会扰乱人正常的工作和生活。焦虑产生的原因是多方面的,如自身的气质性格因素、能力水平、社会适应性等。

「知识拓展」

工作焦虑常见的表现

1.担心自己如何出现在同事、领导面前。

2.由于他人控制了局面而感到不舒服。

3.认为如果自己没能控制住局面就是个弱者或失败者。

4.经常有莫名不安和害怕。

5.经常感到来自成就感(或成功)的持续压力。

6.遇事紧张、恐惧、多疑,缩手缩脚,依赖别人,显得缺乏主见。

7.内心总是不自觉地焦虑,总有患得患失的感觉,对别人的话敏感。

8.感到自己强烈地需要别人的认可,如果得不到认可会产生挫败感或者怨恨。

9.难以专注工作,思维迟钝,反应迟缓,丢三落四,经常出错,面对突如其来的问题不知所措。

10.有恐惧情绪,对工作上的失误、批评、惩罚等出现惊恐反应。

「故事分享」

老翁、孙子和毛驴

鲁迅先生在《读书杂谈》中曾讲过这样一个故事:爷孙俩牵驴去赶集,爷爷让孙子骑驴，自己牵驴。路上行人见了，责备孙子不孝顺，不懂事，于是孙子下了驴，让爷爷骑。刚走几步，行人见了，又说爷爷为老不仁，不顾年幼的孙子。爷爷听了，只好把孙子再抱上驴。不一会，又听见行人议论："这爷孙俩真狠心！这么瘦弱的驴，还骑两个人！"爷孙俩只好都下了驴，一个牵驴，一个赶驴，谁知路人见了，又笑话爷孙俩太傻，放着现成的驴子不骑，却在路上走。于是爷爷苦笑着问孙子："我们到底该怎么做呢？"孙子说："我俩只有抬着驴子去集市了！"

一个人，只要做事，甚至只要活着，必然会有人对你感到不满意，会有所批评、有所指责。生活中，总免不了一些苦恼烦闷的事，有些烦恼来自外界，只能正视，而大多数烦恼则源于内心，这就是所谓"自寻烦恼"。

心理学家为了研究人们的烦恼问题，做了下面这个很有意思的实验：

「知识拓展」

烦恼不寻人　人自寻烦恼

心理学家要求实验参与者在一个周日的晚上，把自己未来7天内所有的烦恼都写下来，然后投入一个指定的箱子里。过了三周之后，心理学家打开了这个"烦恼箱"，让所有参与者逐一核对自己的烦恼。结果发现，其中九成的烦恼并未真正发生。

然后，心理学家要求参与者将记录着自己真正"烦恼"的字条投入箱子。又过了三周，打开这个箱子，参与者再次逐一核对自己写下的烦恼。结果发现，绝大多数曾经的烦恼已经不再是烦恼了。

这个实验的参与者切身地感到，烦恼这东西原来是预想的很多、出现的很少。心理学家得出这样的结论：一般人所忧虑的"烦恼"，有40%是属于过去的，有50%是属于未来的，只有10%是属于现在的。因此，烦恼多是自己找来的。这就是所谓的烦恼不寻人，人自寻烦恼。

一个心胸宽广的人，并非没有烦恼，只是不纠结于此，顺其自然，把更多的精力放在眼下的工作中。因为，如果你担心的事情不能被你左右，就随它去，我们只能考虑力所能及的事情，力所能及则尽力，力不能及则由它去。请记住以下两句话，一句是西藏谚语：能解决的事，不必担心；不能解决的事，担心也没有用。另一句是：尽人事，听天命。

2.关上身后那扇门——少些抑郁

当人们遇到精神压力、生活挫折、痛苦境遇、生老病死、天灾人祸等情况，理所当然会产生抑郁情绪，几乎所有人都在某个时候觉得情绪低落。

人生充满着大大小小的悲伤和失落，从心理健康角度看，亲人逝去所引起的心理反应与痛苦程度是最强烈的，对心理健康的影响也是最大的。我国“死亡教育”的缺失，会让很多人在家人和自身遭到死亡威胁时处于极度的精神痛苦当中，如果表现出内疚、自责，同时自感生命脆弱等，都是非常正常的心理感受。我们要允许自己有个悲伤痛苦的过程，允许自己有一段时间来愈合这段伤痛。我们首先要接纳它，否则，如果深陷其中不能自拔，哀伤极易演变为抑郁症状，将会出现失眠、食欲不振、情绪低落、工作效率下降等。

「案例链接」

请让我思念你

有一个正上初二的女孩子，平时学习成绩不错，老师一向很喜欢她。可是，春节过后的新学期，女孩突然出现断断续续不能上学的情况。问及原因，她总说头痛，集中不了注意力，睡不好觉，脑子反应很慢，但是到医院做了全面检查却没发现任何问题。老师和家长很困惑也很无奈，最后看了心理医生，才弄清事情的原委。

原来，女孩儿的爸爸出了车祸，突然去世，而当时，父女俩在同一辆车上，妈妈担心女儿难以承受爸爸去世的噩耗，便隐瞒了实情，直到春节前才让女儿知道。孩子非常伤心，但妈妈说她都这么大了，要坚强，要努力克服困难，同时，妈妈在女儿面前总是装着很开心的样子。但孩子的感觉是，自己的爸爸没有了，她再也看不见爸爸了。

从这个案例看得出，孩子的妈妈不仅自己没有表达出悲伤和痛苦，她也没有给孩子表达哀伤的机会。孩子非常想念爸爸，却又不敢和妈妈说，怕妈妈伤心难过，没有表达出来的情绪转化为躯体上的症状，于是，女孩儿出现了头痛、失眠、注意力差等情况。

除了丧亲之痛之外，失恋之苦、落选之憾、败考之恼、选择之悔也常让人们生活在痛苦、自责之中，如果想不明白就无法解除“未完成情节”。我们经常说的“过去的事就让它过去吧”“你应该尽快忘掉”“陈芝麻烂谷子的事还提它干吗”等，只是回避，本质上并没有解决问题。在一般情况下，人们对痛苦的往事是想说清楚的，以获得理解和解脱，人只有想明白了，才能放松精神。比如，为选择失误而一味自责的人要学会原谅自己，为投资失误而遭受损失的人要反省自己的承受能力。只有想明白了，不再沉溺于对往事的后悔和懊恼之中，才能关上身后那扇门。

所以，在工作和生活中，对于过去的事情不一定非要忘记，而是应该正确面对，对未来的事情也不要想太多，未来的许多东西是预料不到的，重要的是把握现在。你所能掌握的，你真正要做的，是你眼前所能够努力的事情，把它做好，去承受，去负担，去努力，正所谓不能珍惜现在也就无法向往未来。如果你把握了现在，回忆过去以不断反省，展望未来以提升能力，你就可以收获充实的人生。

活在当下，这四个字很简单，做起来却很难，是需要我们在生活中慢慢去体会、去感悟的。

（二）换位思考

一沙一世界，每个人的眼中都会有一个世界，每个人都认为自己看的世界是对的。世界观直接决定一个人的观点和方法，生活中会遇到最具体的问题，具体问题的后面一定是世界观在起作用。解决人际矛盾有一个很简单也很有效的方法，就是换位思考。

换位思考的本质是要有一颗同理心。"同理心"在心理学上有不同称谓或译法，如"共情""同感心""设身处地"等。同理心就是我们常说的将心比心，站在当事人的角度和位置上，客观地理解当事人的内心感受及内心世界，设身处地为他人着想。比如，一位发现丈夫有外遇的妻子内心很苦恼，向你求助，如果她对你说："我发现丈夫有婚外情后，很想离婚，但想到孩子还小，一旦离婚，孩子缺爹少娘的，就下不了离婚的决心，我很苦恼。"你会怎么回答呢？如果你回答："现在社会风气江河日下，出现这种情况在所难免。"对方会觉得你完全忽视了她的问题，根本不理解她的内心感受。如果你回答："这种事让你赶上了，苦恼也没有办法啊。"对方会觉得不被理解，可能不会跟你继续说下去。如果你回答："这种事让你赶上了，只能选择其中之一了，哪里有什么两全其美的事？"这显然没有考虑到对方的内心冲突，可能会使对方感到你根本没有理解她，甚至怀疑你是否愿意帮助她。如果你回答："你就是离婚了，自己也能过好日子。"这表面看是鼓励对方，但显然还是没能理解对方的苦恼，这种鼓励是苍白无力的。如果你回答："无论谁遇到这种情况，都得经历痛苦的选择，这是难免的，但你总得选择其中之一吧。"你虽然在一定程度上理解了对方的内心体验，但理解得并不深刻。如果你回答："每一位妻子遇到这种情况都可能会在如何解决上苦恼，就像人们在遇到需要选择的时候不知如何选择一样，你在得到的时候可能要失去，而你想很圆满地解决这个问题又不失去，但实在找不出好的办法，因此非常苦恼，我非常理解你此时此刻的心情。"你完全从对方的内心去体验，对方会觉得你完全理解了她的内心世界，自己是被理解、尊重和接纳的，她会敞开心扉表达自己。

同理心不是同情心，同理心不是天生的，是可以培养的。缺乏同理心的人无法表达相互关怀、理解，达到融合的人际关系。

有这样一个心理学游戏：你带着五种动物一起到森林里去，它们分别是猴子、老虎、孔雀、狗、大象。随着你们不断前进，你发现同时带它们变得越来越困难，情况逼迫你不得不逐一丢掉它们，最后只能留一种动物陪你，你会如何选择？

你会如何选择呢？你可能会先放弃孔雀，因为在这几种动物里面它最没用；你也可能放弃猴子，因为它太顽皮用处也不大，其实这样的选择有一个共同点，都是从自身利益出发，没有考虑那些动物的利益。可能大多数人都会站在自己的立场，从自己需要的角度进行抉择。当然，你的选择也可能是这样的：猴子—老虎—大象—狗—孔雀。其原因是，在它们当中，孔雀是最没有自我保护能力的，最弱小的，怎能轻易放弃它，让它陷于一个危险的环境中呢？

也许大多数人都会站在自己的立场，从自己需要的角度进行抉择。选择把孔雀留在最后的人可能很少，因为大家都倾向于觉得它没用，是个负担。很多人在处理问题和人际交往时，往往总是立足于自我的立场，考虑更多的是自己的利益和需要，却很少关心他人的需要，更别说从他人的立场看问题了。

我们不但要换位思考，而且换位还要到位。

「故事分享」

猪、牛、羊

一头猪、一只绵羊和一头奶牛被牧人关在同一个畜栏里。有一天，牧人将猪从畜栏里提了出去，只听猪大声嚎叫，激烈地反抗。绵羊和奶牛讨厌它的嚎叫，于是抱怨道："我们经常被牧人提去，都没像你这样大呼小叫的。"猪听了回答道："提你们和提我完全是两回事，他提你们，只是分你们的毛和乳汁，但是提住我，却是分我的命啊！"

显而易见，立场不同、所处环境不同的人，是很难理解对方感受的。从情商的角度看，同理心是指正确了解他人的感受和情绪，进而做到相互理解、关怀和情感上的融合。所以在工作和生活中，在上下级之间、夫妻之间、亲子之间、婆媳之间、朋友之间等出现矛盾时，我们是否会审视自己：我们理解对方了吗？我们站在对方的角度思考了吗？我们考虑到对方希望我们以怎样的方式对他了吗？因此，对他人的失意、挫折、伤痛和诉求，我们不仅要换位思考，而且要换位到位，以一颗宽容的心去了解、关心他人。

(三)适当防卫

适当防卫主要是指适当应用建设性的防卫机制。心理防卫机制属于一种心理适应性反应，心理防卫机制大都在潜意识中进行，也就是说，是在不知不觉中运用的。

我们不难发现，在同样的环境下，为什么有的人生病，有的人安然无恙？是因为不同的人的免疫力不一样。免疫是人体识别和排除“异己”的生理反应，是人体自身的防卫机制。在免疫力的作用下，人体可以识别和消灭外来侵入的任何异物（病毒、细菌等），处理衰老、损伤、死亡、变性的自身细胞以及识别和处理体内突变细胞和病毒感染细胞。免疫力低下是人生病的内在、根本的原因。但在某些条件下，免疫功能也可对人体造成损害。当自我稳定功能过高时，会患类风湿关节炎等自身免疫性疾病；而防御保护功能过高时，就会出现过敏反应。

同样，人的心理系统也存在着“免疫系统”，这就是我们所说的心理防卫机制。在现实生活中，人们都在自觉或不自觉地使用各种心理防卫机制。当一个人在心理上受到挫折或出现困难时，常会心情不愉快，甚至痛苦焦虑，心理防卫机制首先有积极的作用，表现为减低情绪冲突，缓和伤感经验和情绪的感受，减轻失望的感受，消除个人内在的态度与外在现实之间的冲突并协助个体保持其充实感和价值观。建立心理防卫机制的目的在于处理自己与现实的关系，以消除心理的挫折，求得内心的安宁，是一种“自我”保护方法。心理防卫机制也有其致命的消极作用，如果使用过度，超出了适当的范围和程度，则会阻碍个人对周围社会环境的适应，可能导致心理失衡，甚至导致心理变态。

比如，我们常说的“以小人之心度君子之腹”，就是心理防卫机制中的投射作用。投射是凭主观想象去推及外界的事实，或把自己的过错归咎于他人的一种常见的心理防御术。当责怪他人成为一种习惯，总是将自己的过错归咎于他人，就会妨碍与他人之间良好的人际关系。这不仅使人不能看到真实的自己，而且容易对他人形成怀疑的、难以容忍的甚至是敌对的态度，从而引起诸多麻烦。

又比如，夫妻之间撒撒娇、耍耍赖，不但可以将不愉快的事情或误会化解，而且会加深双方的感情。但是如果在工作岗位，如孩童般向同事、领导撒娇或耍赖，以掩饰自己的错误，则是一般社会所不能接受的病态。

再比如，“酸葡萄”心理和“甜柠檬”心理是我们常见的心理防卫机制。“酸葡萄”心理是努力追求某一东西而无法得到时，为了安慰自己而找的一个言之成理的理由，于是常常将对方贬低，认为并非自己能力不够，而是不值得太卖力。具有“甜柠檬”心理的人，百般强调凡是自己所有的东西都是好的，这样也可以减少内心的失望和痛苦。“酸葡萄”心理和“甜柠檬”心理如果运用得当，可以消除心理紧张、减少攻击性冲动和攻击行为产生的可能性。如果运用过度，则会妨碍人们去追求真正需要的东西，甚至会不思进取。

与身体免疫系统一样，心理防卫机制既可以是天生的，也可以是在生活过程中自然获得的，或者是通过学习得到的，比如学习心理健康知识。心理防卫机制种类很多，现在给大家介绍几种成熟的“心理防卫机制”。所谓成熟的心理防卫机制，是指“自我”意识发展成熟之后才能表现的防卫机制，其防御的方法不但效果

显著,而且可以解除或处理现实的困难、满足自我的欲望与本能,也能为一般社会文化所接受。这种成熟的防卫机制包括以下几种:

利他:利他作用指采取一种行动为他人服务,而且自己也从中得到满足,并受到社会赞赏。在社会生活中,许多从事社会福利工作的人员往往也是应用利他作用的机制既满足自己,又满足他人的。

幽默:人格发展较成熟的人常懂得在适当的场合,使用合适的幽默方法弱化和消解矛盾、冲突等不和谐因素,可以将一些原来较为困难的情况转变一下,既明确地表达了自己的观念、情感和意图,又不至于引起别人和自己尴尬和困窘。

「故事分享」

"你能保密吗?"

罗斯福在当选美国总统前,曾在海军服役。一天,一位老朋友向他打听海军在加勒比海的一个小岛上建立潜艇基地的计划。罗斯福想了想,压低声音问他的朋友:"你能保密吗?"对方信誓旦旦地回答:"能,我一定能。"罗斯福微笑着说:"我也能。"听到这里,两个人不约而同地大笑起来。

罗斯福不好正面回绝老朋友,就绕过问题,幽默地表达了拒绝的理由,化解了尴尬。

升华:升华是把压抑的不符合社会要求的原始冲动或欲望,用符合社会要求的、建设性的方式表达出来,如果将这些冲动或欲望导向比较崇高的方面,使其以有利于社会和本人的形式表现出来时,这个过程就是升华。例如,当歌德失恋后,痛不欲生,转向写作,淋漓尽致地抒发自己被压抑的情感,就是升华作用。升华作用能使原来的动机冲突得到宣泄,消除焦虑情绪,保持心理上的安宁与平衡,还能满足自己创作与成就的需要。

未雨绸缪:为预感中将要出现的不舒服感预先做出切合实际的计划,为到时化解问题打下伏笔或将问题消除在萌芽状态。

(四)积极行动

我们内心的大多数消极情绪或不快乐,很多都是不良的思维习惯所致,思维决定行动,行动决定结果。

许多人在经历挫折后,不自觉地陷入后悔中,甚至整日自责,寝食难安。比如,重大比赛,明明可以争第一,却偏偏失手,没进入前三名。事后,又将注意力放在了分析问题的原因上。下面的话可以表达这种消极的自责:

是什么地方出了问题?

我为什么会出现这个问题?

这个问题存在多久了?我怎么就没发现这个问题呢?

是哪些因素导致了问题的产生?我有哪些过失?

我为什么这样不走运?命运为什么对我如此不公平?

当一个人被上述问题纠缠时,八成不会有好心情。这种反省式的自我对话,把注意力和能量放在了问题原因的分析上,放在了个人责任上,使思维停留在无奈、悔恨甚至抱怨上,这会给人带来无穷无尽的烦恼,而且也解决不了问题。

我们可以采取另一种更加积极的态度,即跳出去想问题,将注意力集中于问题的解决上,关注未来的解决方案和潜能的发挥,关注能力的开发上。

我有什么弥补损失的方案?

最快的解决方法什么时候可以出现?

事情解决后,我会有什么收获?

什么人、什么事有助于问题的解决?

为了解决问题,我现在可以做什么?

当我们这样想的时候,你不觉得整个人的状态与刚才完全不一样了吗?当精力聚集于问题的解决时,我们面对的是同样的问题,是同样的困境和挫折,但是,我们的焦虑和恐惧减少了,我们具有了正面的和积极的心态和力量。此时,我们是处于准备行动和改变现状的活动状态中,而不是纯粹静止的自责、抱怨和反省中,我们正在努力尝试着跳出困境和失败的阴影。

总之,心理疏导的最终目的是助人自助、自我成长、让“心”快乐,对生活充满热爱、充满向往,感觉到生活的乐趣。这种对生活的积极态度和热情,不仅表现在积极工作、勤奋学习上,还使人保持充沛的精力和奋发向上的朝气。

第五章 组织行为知多少

人民对美好生活的向往，就是我们的奋斗目标。

——习近平总书记

人类正从一种饱肚子的经济走向心理经济。

——托夫勒

「知识拓展」

铁路总公司的“职工健康行动计划”

职工健康关系着运输安全、社会和谐与家庭幸福，是铁路企业一项长期而艰巨的任务，也是全路干部职工的美好愿望和共同企盼。2015年新年伊始，中国铁路总公司从关心关爱职工生活出发，印发了《关于实施职工健康行动计划的意见》，在1月16日召开了动员部署电视电话会议，号召各单位面对新形势、新要求，通过实施职工健康行动计划，让200多万铁路职工以健康的体魄、愉悦的心情、快乐的工作，迎接全面小康社会的到来。

铁路总公司领导在会上指出，职工健康行动计划以“健康体检、健康宣传、健康维护”为主要内容，充分发挥既有资源作用，突出针对性防治措施，推行健康生活方式，开展健康干预与疏导，改善职工生产生活环境，计划利用3年左右时间，建立完善的职工健康保障体系，普惠每一位铁路职工，全面提高职工健康水平。

“职工健康行动计划”的重点工作有八项：第一，规范健康体检工作。提高健康体检质量，规范体检组织工作，确保职工健康体检兑现率。第二，建立职工健康档案。建立职工电子健康信息档案，做到一人一档，开展健康信息评估，动态管理职工健康工作。第三，有针对性地开展健康宣传。加大宣传力度，编制健康科普资料，增强职工防病意识，提高健康知识知晓率。第四，做好重点人群筛查。开展防治与随访观察，建立健康预警与告知制度，对患有严重职业禁忌症的人员，要及时调整岗位。第五，开展职工心理疏导。培养铁路健康管理心理咨询师，开设心理咨询室，定期为站段提供心理咨询，组织心理健康疏导，开展职工睡眠调理，推广心理减压技术，推行营养与运动处方。第六，开展慢性疾病防治。强化45岁以上在职职工慢性病防治，提倡"合理膳食、适当运动、戒烟限酒、心理平衡"的健康生活方式，降低慢性病危害。第七，继续抓好健康休养。不断改善健康休养条件，做到集中组织、规范管理、安全有序。第八，改善职工生产生活环境。

现在，越来越多的企业注重职工的身心健康，开展心理疏导也成为众多企业的共识。那么，组织为什么要维护职工的心理健康？组织过去做了哪些工作？现在还可以做些什么工作呢？面对职工的压力，组织还可以做哪些有益的尝试呢？

一、组织为什么要维护职工的心理健康

现代社会的发展加剧了组织间的竞争，职工在工作中感受到不同程度的压力，有些职工表现出情绪的紧张和焦虑，有的职工表现出工作倦怠，甚至出现缺勤、旷工等问题。

中国健康型组织及EAP协会进行的一项"中国企业职工职业心理健康管理调查"显示，99.13%的在职白领被"压力""抑郁""职业倦怠"等职场心理因素困扰；56.56%的被调查者渴望得到心理咨询，但从未尝试过；79.54%的职场人士意识到"职业心理健康"影响工作。

没有职工的健康，何谈组织的成长？组织如果没有意识到它的严重性，一味任其发展，将会影响组织的长远发展。

(一)维护职工心理健康是组织责任的内在要求

组织是社会经济运行的基本细胞。它通过生产与交换参与社会的发展，在获取自身经济利益的同时，还要承担相应的责任——维护并提高整个社会的福利水平，在创造利润、对投资者承担法律责任的同时，还要承担对职工、消费者、社区和环境的责任。因此，组织的社会责任可以从经济、法律和社会伦理的角度来看。现代社会的发展要求组织必须承担生产过程中人的价值的实现的责任，承担交换过程中对环境、消费者、对社会的贡献等责任。

组织第一位的担当是对职工的责任。组织是和职工发生关系最多、最重要的地方，人通过努力工作实现自身价值，成为社会需要的分子，而职工的喜怒哀乐直接影响着工作效率。个人的心理问题如果处理不好，会以抱怨、冲突等形式扩散

进入集体，影响组织中的其他人，消极情绪一旦充斥在组织内部，就会使得士气低落，集体荣誉感、组织认同感削弱，造成工作效率的低下，最终导致旷工率、离职率上升。而长期的心理压力还会导致高血压、高血脂、胃病等慢性疾病频发，使得职工为组织工作的实际时间大大缩短。一些过重的心理压力如果不进行释放，可能会转化为心理危机，产生过激的行为，甚至出现严重的心理问题和生理疾病。

美国管理大师汤姆·彼得斯在《追求卓越》一书中指出，创造卓越，职工是绝对的基础。因此，组织必须要为职工的成长和幸福负责。2012年，北京大学联合中荷人寿发布了《中国20城市居民幸福感暨寿险需求研究报告》，报告显示：家庭和睦、身体健康、孩子成长得好是增加幸福感最主要的三大因素，身体不健康、收入太低和工作节奏太快是三大最能降低幸福感的因素。因此，组织要提升职工幸福指数，就必须关心人、尊重人，通过关注职工心理健康来体现组织人文关怀，通过关注职工来体现组织的发展责任，为职工提供才华展示的平台，实现职工的自身价值和社会价值，最大程度激发组织成长的内在动因，成为职工最坚实的"靠山"。

（二）维护职工心理健康是组织成长的根本保证

一个"存活并长时间良好运作、持续发展与扩张自己竞争力的组织"才是健康的。因此，职业健康心理学就是帮助组织增强免疫系统的功能，正视组织内部有代表性的心理健康问题，维护职工的心理健康，帮助他们摆脱不良情绪的困扰，克服消极情境的影响，能够促进身心的健康发展。而健康的心理是工作积极性的"催化剂"，使职工有更好的劳动表现，是提升组织效率的根本。这样，不仅职工的健康得到了保证，组织也能获得更快的发展。

我国古代思想家都非常重视"以人为本"，认为君主应该把人作为管理的重心，提倡"爱人贵民"。管仲提醒齐桓公"齐国百姓，公之本也"，想要成就事业的根本是顺应民心，"民恶忧劳，我佚乐之；民恶贫贱，我富贵之；民恶危坠，我存安之；民恶灭绝，我生育之"，劝诫齐桓公听取民众的意见，把人作为管理的重心。管理国家说到底就是对人的管理，"治国就是治人"。而孟子从"民为立国之本"思想出发，提出了"天时不如地利，地利不如人和"的观点。

「故事分享」

辽河油田的员工帮助计划

近年来，辽河油田党委积极探索，创新实践，形成了以"五个一"系统工程为主线的党建思想政治工作体系，并且超前谋划，科学决策，在中央企业中率先运用内部资源开展员工帮助计划（Employee Assistance Program，简称EAP），有力地促进了企业科学发展、和谐发展。

辽河油田公司党委全委会报告中明确提出“重点要在引入心理科学、注重人文关怀和心理疏导上取得突破,启动EAP员工帮助计划”。2007年,首先在科研单位进行试点,随后由党委领导主抓,工会牵头,相关部门配合,在全油田范围内推广员工帮助计划。

从2005年开始,公司不断选拔优秀思想政治工作者接受专业系统培训,逐步形成了开展EAP的三支专业队伍。目前有国家二级心理咨询师307名,国际注册EAP项目管理师104名和EAP培训师20名;确定了适合本企业实际的内部运行模式,利用内部资源,设置专门机构,为员工及其家属提供专业服务,并且针对不同的群体、不同的问题,采用不同的方式,形成了服务个性化的特色。

2009年,辽河油田EAP项目获得“全省工会领导机关创新成果奖”,新华社、《工人日报》、《中国石油报》等多家媒体进行了推介和报道。2010年9月,辽宁省总工会组织全省各市及产业工会在辽河油田召开了EAP项目推广现场会。

辽河油田EAP项目的价值在于:心理学理论和技术的应用,不仅丰富了思想政治工作的方法,进一步提高了思想政治工作的科学性、针对性和有效性,也为员工创建了一个和谐、乐观、向上的心灵家园。

(三)维护职工心理健康是管理实践的必然趋势

现代管理理论认为,管理也是生产力,而且是生产力中最重要的构成要素,甚至有学者提出“管理是第一生产力”的观点。管理学在经历了一个多世纪的发展后,“以人为本”成为主流趋势,心理学的研究成果不断被引进,用以激励职工。在这样的背景下,职业健康心理学应运而生,作为心理科学领域的一个新专业,它是以提高工作生活质量,促进职工安全、健康和幸福为研究目的的心理学与职业健康科学的交叉学科。这样,管理不仅要关注人,更要研究不同职业中人的心理健康。面对竞争带给职工的心理压力,把管理聚焦在心理健康,尊重、理解并研究职工的真正需要,才能达到提高组织竞争力的目的。组织要持续发展,职工必须持续成长。每一个职工都蕴藏着巨大的潜能,能不能触动他的潜在能量开关,调动他的主观能动性,关键还是要找对方法,激发职工意愿。如果没有及时发现职工心理压力,极易导致心理“安全隐患”的堆积,这些“心理事故”是隐形的、不易察觉的,当遇上工作不顺利的情况时,可能爆发更大的“安全事故”。

台湾漫画家朱德庸在《大家都有病》里幽默地思考着:“一个有病的社会,一个有病的时代。”他用“朱氏幽默”描绘现代社会及现代人的生存现状,表现了一种大悲悯情怀:其实每个人都有某种程度的疾病,或生理或心理,或轻或重,或表露或隐藏。其实,“有病”才是一种常态。一块马掌上的蹄铁可能导致一场战争的失利，亚马孙雨林一只蝴蝶翅膀的偶尔振动也许两周后就会引起美国德克萨斯州的一场龙卷风。可能看起来不起眼的小事，就是大灾难的前兆。职工是组织正常运转的基石，如果出现隐性的心理问题，又得不到及时的发现和疏导，会使组织丧失部分的战斗力，那么还有什么理由不去关心、理解和尊重职工呢？所以，组织要健康，必须把职工的健康放在第一位。

二、组织长期积淀的优良传统

过去为了调动职工的生产积极性，在企业党委的领导下，组织通过建设积极健康的企业文化，依靠党政工团形成合力，从工作、学习和生活方面做了很多的工作，体现了社会主义制度的优越性。

（一）永居一线的思想政治工作

长期以来，思想政治工作把严格管理和人文关怀融合在一起，使职工与企业产生思想上的认同和情感上的共鸣，促进了企业的发展和员工个体发展的有机统一，进而营造了员工和企业的和谐共存。因此，在铁路改革发展的每一个阶段，我们一直能够看到思想政治工作者的付出。

在我国铁路企业发展的过程中，思想政治工作始终居于“一线”的重要地位，以“融入安全运输生产的中心，服务安全运输生产的大局”为突破，关注职工的思想动态，引导职工健康向上的价值观念，是思想政治工作的优势所在。看似“务虚”的思想政治工作，由各级党委牵头，党政工团齐聚能量，在实践中注重基层党支部建设，推进管理机制创新，不断夯实职工思想认识基础，把党的方针政策渗透进职工的心里。

在铁路深化改革的过程中，思想政治工作也在进一步健全工作体系。近几年推行和落实了“一岗双责”的工作制度，把思想政治工作纳入各级班子成员的岗位责任制，行政领导干部在管理业务工作的同时，也负责分管部门的思想政治工作，进一步强化了思想政治工作的力量。同时，把思想政治工作进行量化，逐一进行考核，根据岗位明确要求，特别是在面对高铁发展的新情况、新要求，继续探索创新开展思想政治工作的新方法，针对性地解决好新时期职工的思想问题。

（二）伴随左右的工会行动

我国《工会法》规定，“中华全国总工会及其各级工会代表职工的利益，依法维护职工的合法权益”，维护职工合法权益是工会的基本职责。因此，遍布企业角落的各级工会组织，关心职工的工作和生活情况，帮助职工解开心里的疙瘩，是组织关怀在职工心里最温暖的“触角”。

1.“家访”“谈心”“送温暖”

各级工会做了大量的群众工作，极大地缓解了职工的工作压力，确实解决了职工的实际困难，受到了欢迎和肯定。一些传统的做法，比如“家访”“谈心”“送温暖”等活动，一直是工会工作的“传家宝”。“家访”就是一种组织支持，深入职工的生活和家庭，针对其实际困难进行积极干预，解决工作与家庭的冲突，有的放矢，为职工排忧解难；“谈心”则是针对职工的思想状况，通过“倾听”的心理疏导方式，了解他们的内心想法，以“润物细无声”的方式化解淤积的情绪，帮助他们宣泄和释放，达到防患于未然或者亡羊补牢的目的；“送温暖（清凉）”的活动已经制度化，把组织的关心和善意及时送到最需要的职工家里，送到最需要驱散严寒暑热的岗位，凝聚团队的士气。

在群众文化建设方面，工会坚持推进和深化“三线”建设，积极开展形式多样、寓教于乐的群众性文化活动和体育健身活动，筹建职工文艺团体，创作群众文化精品，定期组织到基层巡回演出等。这些有益的文化活动，使职工在企业文化活动中充分陶冶情操、展现自我、提高能力、愉悦身心，也减轻了来自各方面的心理压力。

「案例链接」

工会为我们做了什么

兰州铁路局工会在局党委和局领导班子的支持下，实施职工健康保障工程，维护了职工的生命健康权益，促进了企业科学发展。2013年拨发1400万元专项资金，组织23个单位的38615名在岗职工进行了两年一次的健康体检。针对心脑血管疾病患病率逐年上升的实际，为41岁以上职工增加了颈动脉彩超检查项目。每年为全局女职工进行一次妇科病普查，为机车乘务员进行专项健康体检；为沿线班组和流动工队配备了1618个小药箱，定期下拨专项资金购买补充药品，用于职工疾病预防和应急治疗；为各基层单位下拨“送关爱、送清凉”专项资金，用于购买防暑降温药品和食品；投入900余万元对5个文体场馆和8个俱乐部进行综合改造，成立了28个地区（站区）工会联合会，组建职工文艺兴趣小组和业余文艺活动队108个、文体协会20个、单项体育协会15个，分地区组织开展日常文化体育活动；开展“为基层送体育、为职工送健康”系列活动，组织了排球、羽毛球、游泳、长跑等体育比赛。

2.关注特困职工群体

“帮扶”是工会维护职工利益的最直接、最具体的体现，而特困职工又是职工中最需要帮助和关心的群体，一直是工会工作的重点。兰州铁路局工会充分运用社会保障政策，建立和实施困难职工的帮扶救助办法，积极践行全国总工会提出的“三不让”的承诺：不让一名职工家庭生活在贫困线以下，不让一名职工子女上不起学，不让一名职工看不起病。多次通过局职工代表大会修订帮扶救助实施办法，建立困难职工最低生活保障制度，不断扩大困难职工帮扶救助范围，提高救助标准。2013年，兰州铁路局共支出“三不让”助医资金1250余万元，直接帮助患病职工达1.7万人。2014年又筹措“三不让”资金4460.13万元，助医、助学、助困55605人次。

「案例链接」

我们身边的人

2012年7月，兰州铁路局中卫工务段平凉桥隧车间职工司金军不幸罹患急性坏死性胰腺炎，抢救治疗先后花去70余万元。该段第一时间将其列为重点帮扶对象，并通过医保系统报销46.6万元。兰州局工会迅速为其审核发放“三不让”补助金近7万元，中卫工务段工会为其申请大病借款3万元。期间，该段段长、工会主席还专门前去慰问，并安排车间“爱心互助”志愿服务小组帮助司金军一家解决实际困难。

（三）不容忽视的团委作为

优秀的共青团组织是企业的内核和灵魂，是企业发展的核心竞争力，在长期的思想政治教育实践中已形成一些科学的、行之有效的原则和方法。比如，团组织围绕企业的工作核心，在各生产单位组织青年文明号集体和争创集体先进示范，创建“共青团员示范岗”，在每年的春运、暑运中，组织青年志愿者服务队伍深入持续开展以思想教育、技能提升、服务示范、文化建设等为主要内容的主题实践活动，激励青年职工岗位建功的实际行动。在各站段的团委工作中，进一步拓宽领域、创新载体，组织动员广大青年积极构筑起牢固的安全防线，充分发挥共青团的政治优势、组织优势和活动优势。

2011年下半年，全国铁道团委选择了5个铁路局进行试点，探索心理学在铁路青年思想政治工作中的运用，并取得阶段性成果。为逐步推广此项工作，于2012年3月下发了《关于运用心理学知识做好铁路青年思想政治工作的指导意见》，号召全路各级团组织积极实践，努力探索符合铁路实际的青年思想政治工作新路子。目前，全路35岁以下青年占铁路职工总数近1/3，发挥好青年人的生力军作用，让他们在铁路改革建设中成为积极参与者和奋力推动者。

「案例链接」

兰州铁路局的“青年之家”

2015年5月20日，兰州铁路局首个“青年之家”暨“青年综合服务平台”在嘉峪关铁路第二单身公寓挂牌落成。

建设“青年之家”，是全国铁道团委以青年集中的单身公寓为重点，以活跃青年自组织为目标，以丰富青年业余生活为宗旨，满足青年情感交流需求、生活技能提升需求、文化休闲需求、安全归属需求四类生活需求的重要举措。同时，对于密切团组织与团员青年的联系，代表和维护青年利益，提高团的建设科学化水平，更好地履行团的组织职能，实现团的组织使命，都有十分重要的意义。

这次被授予“青年之家”称号的嘉峪关第二单身公寓，是兰州铁路局主动顺应形势，以“打造一批青年自组织、培养一批团的骨干、孵化一批青年梦想、建设一支青年品牌队伍”为目标，满足青年需求，延伸工作手臂的有益尝试。“青年之家”作为服务青年成长成才的新阵地，为青年职工的业余生活提供多种选择，最大限度地满足不同群体的不同需求，是铁路青年职工自组织发展的新舞台、新品牌，势必为铁路青年职工提供更加直接、有效的服务。

（四）凝聚人心的企业文化

美国商界传奇人物杰克·韦尔奇说过：“健康向上的企业文化是一个企业战无不胜的动力之源。”我国著名的经济学家于光远也有“三流企业靠生产、二流企业靠营销、一流企业靠文化”的说法。企业文化所包含的价值观念、行为准则等意识形态都应该是职工所共同认可的。如果职工对于企业文化的理解停留在口号、方案的执行层面，缺乏精神上的共同认可，那么就不能够塑造凝聚人心、激发斗志、持续改进的组织文化。

文化是组织的信仰，它能够规范群体的行为，调节组织内部的人际关系，使各种思想、观念、价值取向统一起来，逐步形成群体普遍认同、自觉遵守并能够长期延续的理念，增强职工的组织认同感，为实现组织发展目标提供持续的能量。文化塑造的本质是激发人的合力，以满足人的需要激发人，注重激励、发展和培育职工的精神需要。因此，组织文化建设一定要“抓心”，把职工的心灵、感情和利益关联起来，物质激励和心灵塑造并重，规范作业和氛围营造并举，实际收益和组织成长并行，在不断协调磨合中，职工既对组织的文化加深了理解，也加强了内部的信息共享，对铁路安全、奉献、拼搏和引领的精神理解得更透，愿意为组织发展奉献力量，才能筑牢文化塑造的基底。

一代代的铁路职工本着“人民铁路为人民”的宗旨，在革命战争、社会主义建设和改革开放等各个历史时期，勇当先锋、无私奉献、敢打硬拼、艰苦创业，形成著名的二七精神、火车头精神和青藏铁路精神，还有“一点不差、差一点不行”的小东站精神和“一心扑在线路上，一丝不苟严要求，一分钱掰成两半花”的孙家养路工区精神等。这些精神是全国铁路广大干部职工共同创造的宝贵精神财富，是推进铁路建设、改革和发展的强大动力。两百多万铁路职工用汗水和干劲，坚守和坚持，年复一年地实干苦干，才凝练成新时期“安全优质兴路强国”的铁路精神，彰显了时代对铁路工作和铁路队伍的要求，更是对铁路厚重历史积淀和鲜明文化特征的提炼，也是对铁路人共同理想信念和价值追求的升华。

地处祖国西北枢纽的兰州铁路局，在五十多年的发展中，一代代的兰铁人扎根艰苦岗位，吃苦奉献国家经济发展，造就了与治沙相伴共生的“麦草方格”精神这一份无形的财富。用“坚守、创造、团结、奉献”的“麦草方格”精神，推进现代化铁路建设与发展，在我们豪迈地跨入高铁时代之际，面对我国一次性建设里程最长、规模最大，穿越高原、高寒、高海拔地区的长大干线对安全工作带来的全新考验，需要始终以“麦草方格”的精神为引领，激励前进的脚步。

「案例链接」

兰州局新时期沙坡头精神

1958年8月1日，横贯中国西北的交通大动脉——包兰铁路正式通车。包兰铁路要穿过腾格里沙漠一段被称为“沙坡头”的高大格状流动沙岭，流沙随时可能中断铁路交通，严重威胁着包兰铁路的安全畅通。为了确保线路畅通无阻，面对治沙固沙这一世界级难题，一代代兰铁治沙人没有被困难吓倒，他们忠诚使命，历经一次次的失败和无数次艰难求索，最终找到了利用1米×1米的“麦草方格”形状创造性地固定沙丘的做法，在五十多年艰苦卓绝的治沙护路实践中形成了“麦草方格”精神，集中体现了铁路职工忠诚使命、事在人为的坚守品格，严谨科学、勇于实践的创造气概，舍我其谁、众志成城的团结作风，爱路爱国、造福社会的奉献情怀。

在五十多年服务祖国建设的进程中，兰州铁路局干部职工在局党委领导下，以“严字当头、铁的纪律”的职业要求，秉承“特别能吃苦、特别能战斗”的光荣传统，凭借群策群力、团结一心、克难制胜、众志成城的坚强意志，凝聚成“坚守、创造、团结、奉献”的“麦草方格”精神，用行动演绎着新时期沙坡头精神的深刻内涵。

“坚守、创造、团结、奉献”的“麦草方格”精神是一个有机整体，是以爱国主义为核心的民族精神的传承和升华，是高铁时代兰州铁路局职工“敢于引领、争创一流、全面发展”的力量源泉。

三、组织持续改进并不断创新的作为

(一)明确组织岗位分工

组织的结构设计就是对工作岗位进行清晰说明,目的是进行合理的内部分工,使每一项内容都能够落实到具体的岗位,由具体的人负责完成,保证“事事有人做”“人人有事做”,这就是组织内部岗位责任意识。如果没有明确的岗位划分,会使职工在实际工作中产生工作角色的模糊,包括工作职责的偏差、工作目标的不确定等,组织的效率就会降低。工作角色的模糊可能诱发职工心理上的疲劳感、压力增大的情况,而进一步淡化岗位责任意识,增加企业的管理成本。

根据调查,许多新入职职工不适应工作岗位,很重要的原因就是缺乏明确的工作指导,遇到工作角色冲突和模糊,如果不能和同事及时沟通交流,可能产生的挫败感会直接影响正常工作,出现岗位责任意识淡薄,工作满意度、热情度及对组织的认同感降低等情况,甚至出现组织涣散、工作质量效率低下等不良局面。这些年,很多企业通过推行“管理讲制度,工作讲标准,办事讲程序”的精益化理念,用科学方法提高管理的效率,既明确了岗位职责,又强化了职工的责任意识,能够缓解由于岗位职责不清带来的心理压力。

(二)建立职工心理档案

现在一些组织开始为职工建立心理档案,科学地评估职工心理健康状况,及时发现组织内存在的带有普遍性的心理问题,分析查找深层次的原因,从而有针对性地疏导、缓解职工心理压力,确保职工身心健康。这是“以人为本”理念在管理中的体现,不仅是组织的现实选择,也标志着社会的进步。

职工心理档案应该包括:职工基本情况、气质类型、个性特征、能力水平、心理健康状况及工作满意度等内容。除基本情况外,其他都可以借助心理学测试工具和量表进行,得到比较科学的数据。在实际操作中,可能还有心理咨询记录、心理诊断、心理干预过程和效果等信息加入进去,可以根据需要随时补充,以便更全面地了解职工的心理状况。

建立职工心理档案可以全面掌握内部人员心理健康状况,重点跟踪影响职工心理问题的主要诱因,比如重大的生活事件、不良压力、人际关系、意外事故、环境突变及身体疾病等,可以及早发现心理异常和压力过大的职工,预防自杀、攻击他人等危机负性事件;也可以根据不同的职工采取不同的激励措施,提高组织的生产效率;还可以提供完善的职工心理素质评估报告,有针对性地实施组织干预,增强职工的幸福感，最大限度提升组织的发展能力。

（三）拓宽情绪释放的渠道

尧舜时代，天下洪水泛滥，民众深受其害，如何整治洪水成为令人头疼的首要社会问题。大禹摸索出开山、疏浚和筑坝的方法，以“疏”为主，以“堵”为辅，引导天下的河川都流向大海，终于获得了成功。可见，洪水不可怕，关键是要根据地形、流向加以合理的疏导，善疏则通，能导必安。

社会发展带来各种各样的压力，汇集成为心理压力的“洪水”，而来自组织的支持和帮助是职工的“泄洪道”。情绪和水一样是流动的，宜疏导而不宜堵截。想方设法为职工拓宽情绪释放的渠道，给精神上来一些“泡泡浴”，缓解紧张压力和焦虑情绪。心理学研究表明，当人遭遇挫折或不愉快时，如果能够通过言语或其他形式表达出来，可以减轻心理上的压力。

日本企业通常这样做：设立“苦情室”“茶室”，供职工休息放松，缓解工作中的紧张情绪；或者在公司电脑中放置一些发泄不满情绪的游戏，让职工有一个短暂的心理缓冲；提供一些排解压力的书籍、音乐让职工得到放松；开设职工专用的心理咨询热线电话，倾听职工的烦恼和不满；完善职工保健设施，如建设健身房、氧吧等。实践证明，这些措施确实对释放压力很有作用。

「案例链接」

广东省总工会的“心灵驿站”

2012年5月24日，广东省总工会在东莞市虎门镇举行广东工会推进“心灵驿站”建设启动仪式，同时该省首家“心灵驿站”建设示范点——东莞市虎门镇“幸福虎门·心灵驿站”职工活动中心正式挂牌。内设接待室、心灵氧吧、心理测评室、团体辅导室、心灵宣泄室、音乐放松室、书法治疗师、职工书屋、涂鸦空间等功能区域，通过宣泄减压、团体心理辅导、露天心理电影播放、音乐阅读冥想放松等轻松方式宣传与带动精神文化服务，致力于打造“24小时心理热线、24小时QQ咨询在线、9大心灵驿站近距离咨询”全方位沟通倾诉平台。

（四）改善工作环境和工作条件

企业必须注重改善和改进职工的工作环境和条件，减轻这些不良因素给职工带来的压力，比如噪声、光线、雾霾的污染。昏暗、刺眼、闪烁的光线，极端温度和天气状况，噪音环境，不协调的颜色配置，空气、化学、光线的污染，都是常见的工作环境压力源。除此之外，密闭的工作环境、空调环境、常年不能见到阳光以及长期面对电脑等电离辐射、现代办公设备等，也有可能导致空气污染，这些都是工作环境的压力源。

目前，国内很多企业实行"6S"现场管理法，通过规范现场、现物，营造一目了然的工作环境，培养职工良好的工作习惯，进而提高组织的生产效率，最终达到提升职工工作品质的目的。同时，为了保护劳动者在劳动生产过程中的身体健康，确保职工拥有良好的工具、设备，有良好的劳动保护措施，及时检查和更换备品。通过为职工创造安全、卫生、舒适的劳动工作条件，提高职工的安全感和舒适感，减轻职工的压力，保障健康的状态和心理，促进组织生产率的提高。

「案例链接」

铁路企业的"三线建设"

近年来，铁路企业对"三线"建设前所未有的重视，把"三线"建设作为暖人心、聚人心、得人心的民心工程来抓，把单位打造成职工的第二个"家"，让职工在单位找到家的温暖，以增强职工对企业的归属感。

"三线"建设就是生活线、文化线和卫生线建设。生活线建设就是加强生活设施配备、投入，解决职工住宿、吃饭、洗浴等生活困难，让职工住得更舒服、吃得更加营养健康。特别是对沿线工区和艰苦地区职工生活条件的改善，得到了职工的肯定，使职工安心为铁路发展继续付出。

文化线建设是满足职工精神文化需求，为职工配备健身器械、送图书、挂字画、组织丰富多彩的文体活动，让沿线职工下班后有了更加充实的业余生活，不仅锻炼了身体，也陶冶了情操。

卫生线建设让职工身体更健康。在保障职工的身体健康方面，组织每年为职工进行健康体检和开展心理健康活动，为沿线的小站职工配备小药箱，把对职工的健康关爱体现在点点滴滴中。

2014年，兰州铁路局投入资金1.3亿元，完成了局管辖范围内六大干线74个站区、兰新高铁12个站区的"三线"建设任务。

(五)培育公平的激励机制

激励是指影响人们内在需求或动机，从而加强、引导和维持行为的活动或过程。简单地说，激励就是调动人的积极性的过程。无论激励机制如何变化，在现实的组织中，职工更加关注的是自己是否得到了"公平"的对待。公平是人的一种主观心理感受，组织内部的公平更多地体现在能否激发绝大多数职工的积极性，能否让绝大多数职工感觉自己的收入、机会和付出能力是成正比的。"物不平则鸣，人不平则怨”，不公正感更容易产生焦躁、郁闷、激愤甚至仇恨等情绪，这些对职工的身心健康、企业的可持续发展、社会的和谐安定都会产生不良的影响。

组织要注重培育“公开、公平、公正”的机制，用好的制度激发职工的积极性，营造公平合理的氛围，让透明拨开职工心灵的迷雾，使职工获得主观上的公平感。公平理论指出：人的工作积极性不仅与个人实际报酬多少有关，而且与人们对报酬的分配是否感到公平更为密切。因此，报酬的分配一定要合理拉开差距，体现“多劳多得”的原则，形成鼓励先进肯定付出的公平环境。另外，精神上的关心、鼓励、表扬等方式也能使职工体会到公平感，品尝到成功的欣慰与自我实现的快乐，能够提高工作的责任感。

「故事分享」

谁来分粥

有七个人曾经住在一起，每天分一大桶粥。要命的是，粥每天都是不够的。不能够均匀分配的话，大家肯定有意见，敢怒不敢言。慢慢地，大家心里都有自己的想法，虽然没有说出来，可是分歧却越来越多。

一开始，他们抓阄决定谁来分粥，每天轮换。于是每周下来，他们只有一天是饱的，就是自己分粥的那一天。后来他们推选出一个道德高尚的人分粥，可是大家开始挖空心思去讨好他、贿赂他，搞得整个小团体乌烟瘴气。然后组成三人分粥委员会及四人评选委员会，互相攻击扯皮下来，粥吃到嘴里全是凉的。最后想出来的方法是：轮流分粥，但分粥的人要等其他人都挑完后拿剩下的最后一碗。为了不让自己吃到最少的，每人都尽量分得平均。

实行轮流分粥后，矛盾没有了，压力也小了，大家反而快快乐乐、和和气气，日子越过越好。

（六）体现组织的人文关怀

人文关怀是指尊重人的主体地位和个性差异，关心人丰富多样的个体需求，激发人的主动性、积极性和创造性，促进人的自由全面发展。通俗地说，就是尊重人、理解人，把人当人。

职工是“立体”的人，有着多层次的需求，因此组织要“知其心，专善而救其失”，建立良好的激励机制、晋升机制、职工参与机制、沟通机制等，严格执行以保证职工合法权益。同时，在组织内部营造健康的人际沟通环境，建立互相支持制度，培养和谐的组织氛围和合作精神，增强职工对组织的认同感，提高组织的凝聚力。通过实行人本化管理，关注职工的心理需求，满足他们对生活质量、发展潜能和幸福指数的追求，让人文关怀成为组织的"减压阀"。

(七)让职工保持适度的压力

心理承受力就是对心理压力应对的理性程度。当压力一定，心理承受力越小，则心里越紧张，负面情绪越大。反之，心理承受力大时，负面情绪也小，心里不紧张。当压力和心理承受力相当，或略大于心理承受力时，这种压力也称为适度压力或轻度压力。

在适度压力状况下，个体情绪虽然有些紧张，但是良好的教育和积极的引导能够使职工理智控制不良情绪，充分发挥主观能动作用，妥善处理一些压力事件，有利于意志的锻炼和能力的提高，而且心理承受力也能得到增强。没有一定的心理压力，人的正向适应性行为得不到学习提高。一旦面临较大压力，将不知所措，容易造成心理障碍，在无法承受的压力面前，还会导致个体情绪的困惑、身心的疾病甚至死亡。所以说，适度的压力具有激发动机、集中注意力、提高效率的作用，但是同样的环境对不同人格特征和经验的个体，意义也是不同的。

心理学家对数百名大公司经理的研究发现，如果采取合适的态度，压力将成为健康刺激剂而非威胁。例如，处于高度紧张状态的经理，生病和生重病的机会较工作轻松的同事少得多。而且，有成就的经理往往渴望竞争性环境，觉得这样更令人兴奋，更易取得工作效率。文学巨匠托尔斯泰晚年仍然笔耕不辍，就是因为"工作增进我的健康，能使我睡好觉，精神饱满"。

(八)引入新鲜模式——EAP(Employee Assistance Program)

「知识拓展」

EAP的历史

EAP(Employee Assistance Program，即员工帮助计划)实际起源于过度饮酒行为。19世纪中期，饮酒是一种极为普遍的现象。20世纪二三十年代，随着企业规模的扩大，怠工、装病、离职和工作事故等问题层出不穷，员工酗酒问题已经影响个人和企业绩效，而且医学承认酒精依赖是一种疾病。为解决这些问题，建立了职业酒精依赖项目(OAP)，这是职工帮助计划的雏形。

二战期间，各国对军需物品的需求不断增加，管理者格外关注工作场所的饮酒现象。20世纪50年代，越来越多的OAP出现，已经公开并长期在公司内部实施。这个时期工会也参与其中，使得戒酒方案更加正规化和公开化。1947年，联合爱迪生公司正式承认酗酒是一种疾病，并建立了三层治疗程序，帮助酗酒职工恢复健康。20世纪六七十年代，美国社会酗酒、吸毒、滥用药物等问题日益严重，家庭暴力、离婚、精神抑郁越来越影响职工工作表现，于是很多OAP项目扩大范围，把服务对象扩展到职工家属以及为“二战”老兵的心理服务，项目增多，内容也更加丰富。

1974年，James出版了《员工帮助计划》，第一次提出用这个术语来描述工作场所计划，这使得EAP成为系统的服务体系。20世纪80年代以来，EAP更是获得了长足的发展和广泛的应用，在美国、英国、加拿大和澳大利亚等国家已经成为组织制度化的福利措施。

1.基本概念

EAP(Employee Assistance Program)即员工帮助计划，又称员工心理援助项目、全员心理管理技术，是由企业为职工设置的一套系统的、长期的福利与支持项目。英国员工帮助专业协会(EAPA)的定义是：员工帮助计划是在工作场所实施的帮助识别和解决职工担心的问题的服务。

北京师范大学心理学教授张西超认为，员工帮助计划是组织为员工设置的一项系统的、长期的服务项目，通过专业人员对组织的诊断和建议，对职工及其亲人提供的专业咨询、指导和培训，帮助改善组织的环境和气氛，解决职工及其家庭的心理和行为问题以及提高职工在组织中的工作绩效，并改善组织管理。

2.作用

(1)使个体受益

EAP通过咨询、培训等形式帮助职工应对由情绪、人际关系、家庭、酒精、药物、财务、法律等问题引起的压力，并且学会控制压力的基本方法，使职工能够更加自如地适应工作和其他方面的问题，不被负性情绪困扰纠缠，保证了职工的心理健康。

(2)使组织受益

EAP通过干预技术，帮助职工解决工作与社会中的现实问题，有助于改善组织气氛，提高职工的士气，增强组织内部的凝聚力，促进组织的生产和发展。同时，可以降低缺勤率、离职率和事故率，帮助组织节省成本开支。

据美国健康和人文服务部1995年的资料：在美国，对EAP每投资1美元，将有5～7美元的回报；摩托罗拉日本公司在引进EAP后，平均降低了40%的病假率(2000年)；1994年MM公司对50家企业的调查显示，在引进EAP后，职工的缺勤率降低了21%，工作的事故率降低了17%，而生产率提高了14%。

3.在中国的发展

中国的企业在最近的20年来，开始把行为科学的方法引入管理和思想政治工作中。另外，随着中国心理咨询业的发展并开始走出校园，企业职工的心理健康问题也逐渐受到重视。但是,采用EAP模式来关注职工职业心理健康和组织发展只是在最近的4～5年内才开始的,率先在国内的大型外资企业中开始流行起来。

应运而生的EAP的服务机构也在中国大地上生根发芽,EAP行业日趋成熟,EAP也逐渐成为组织向职工提供的一项"福利"。目前,国内包括联想、中国移动、万科、华为、辽河油田、中国电信等本土企业都开展了EAP计划,取得了不错的业绩,各地EAP服务的专业机构也如雨后春笋般涌现,这对提高职工心理健康、推动企业健康发展带来了长远的影响。

四、主动尝试,阳光铁路

高铁时代更加需要高效的职工。对企业而言,一个高效的职工首先是身心健康的职工。如何保证职工的心理健康?如果从社会发展趋势来看,EAP项目的引进和实施对我们不失为一个很好的思路。

(一)EAP是一项全面健康工程

事实上,在经历了近半个世纪的发展后,EAP现在不仅是心理援助的代名词,更是一项职工全面健康服务工程。

1.应对工作压力的工具

英国专家研究显示,每年由于工作压力所造成的健康问题,通过直接的医疗费和间接的工作缺勤等形式所带来的损失竟达整个英国GDP的10%,而EAP即被视为是解决压力问题的最佳方案。它的"精神按摩"功能通过长期的疏导和调控,可以使企业职工获得一种强大的心理承受力,以应付随时随地的变革。

2.管理生活方式的工具

EAP可以针对职工"亚健康"状态比较突出的问题,给予技术上的指导和组织层面的支持,改善职工的健康状况。英国南苏格兰电力公司于2006年在EAP中推出了"健康与幸福行动计划",重点关注职工的身体健康,给职工提供有折扣的健身房会员会证,在职工餐厅提供更健康的饮食,发起"步行走出健康"和骑车上班活动,为职工提供戒烟支持和体重管理项目。这些都是培养职工健康生活方式的"狠招"。

3.规划职业生涯的参谋

职业规划是对职业生涯乃至人生进行持续的、系统的计划的过程。国家劳动和社会保障部劳动科学研究所在2004年的职业发展调查中显示,24%的人存在职业选择和发展困惑。因为个体认识和能力的限制,职工更希望EAP能够提供科学有效的职业评估和建议。

4.调整人际冲突的帮手

人际关系是职业生涯中一个非常重要的课题,良好的人际关系是人舒心工作、安心生活的必要条件。有人因为性格、习惯、风格等因素,缺乏人际交流的能力,而EAP可以帮助他们进行改善。

5.培训情商修养的基地

情商包含自我意识与情绪觉察能力、自我情绪调控能力、自我激励能力、感知他人情绪能力、人际关系管理能力。2013年,习近平总书记在天津和高校毕业生、失业人员等座谈时,问村干部杨代显:“情商重要还是智商重要?”杨代显回答:“都重要。”习近平说,做实际工作情商很重要,更多需要的是做群众工作和解决问题能力,也就是适应社会能力。三国时,刘备的成功就在于他的高情商,在成就霸业的过程中,网罗了众多人才为己所用,这些人才都是冲着他的人品而来,而且确实“鞠躬尽瘁,死而后已”。

6.援助法律财务的保证

职工个人生活中会遇到诸如法律纠纷、财务风险等现实问题,帮助他们正确处理,在心理上提供强大的组织支持,应该也是组织的责任。根据社会的发展和职工渴望改善经济境遇的需求,为职工提供法律咨询、税务咨询、投资理财等方面的援助,做一些力所能及的事情。

7.舒解突发压力的港湾

中国移动四川公司EAP项目是在汶川地震的背景下启动的。地震发生之后,常规的EAP服务迅速调整为“震后心理复健专项”,重点帮助灾区职工缓解和消除负面心理影响,尽快实现心理复健。因为震后心理援助的及时实施,四川公司震后无一例极端危机事件发生。

8.再造组织流程的动力

全球领先企业内部文化的一个变化趋势,已经由最初的“安全文化”到后来的“绩效文化”,再到现在的“健康文化”,这给组织的发展带来新的思考:组织的流程再造的底线是什么?毫无疑问是健康,是职工的健康和组织的健康并重,互为条件又相互影响。

(二)EAP的四种执行模式

1.内置模式

组织内设置专门的EAP部门,直接对组织负责,服从组织的管理,可以为职工及其家人提供服务,服务范围可能从简单的诊断和指导,到专业的心理治疗。一般大型的企业倾向于使用这种模式。

2.外置模式

组织拥有的EAP是由外部机构操作的。中型企业(少于2000位职工)多采用外置模式为职工提供心理健康服务。服务提供机构包括:治疗、管理者训练、诊断、推荐其他治疗机构等服务项目。

3.整合模式

整合模式指组织内部EAP实施部门与外部的专业机构联合,共同为组织内的职工提供援助项目,是外置与内置有机结合的模式,兼有二者的优点。

4.工会援助模式

以工会为基础,与心理健康福利机构合作,聘用专职人员,直接为职工提供援助,也可以通过网络平台间接地为职工提供援助,以期为工会成员内的小型组织职工提供服务。

(三)高铁时代需要EAP

高速铁路成为引领经济社会发展的"火车头",在速度与力量的强烈冲击下,经济社会文化生活的方方面面都发生着变化。对于兰州局来说,长期处于偏僻且经济不发达地区,在进入高铁时代的过程中,职工可能要面对的是:

1.骤然增大的安全压力

交通运输是国民经济活动的重要组成部分,要实现可持续运输,高速铁路是绝佳的选择。目前国家的发展战略是要打通"新丝绸之路经济带",选择仍然是建设高速铁路。要保证高铁"跑得快""跑得稳""跑得好",最核心的是运输安全。对于兰州局的职工来说,开通高铁本身就是压力,而掌握全新的技术设备并进而保证运输安全,陡然增加的双重压力势必产生心理上的系列反应,但由于不同的个体自我心理调适的能力有一定差异,短时间内心理的不适应就会给工作带来影响。

2.迫在眉睫的工作压力

高铁新技术、新设备的投入使用,对职工的业务素质要求越来越高。例如,高铁的车型多达七种,每种车型的操纵及故障处理方法既有相同之处,也有不同之处。在高铁规章制度方面,局、段、车间要求存在不一致的地方,处理的难度也就不同。特别是职工从事高铁工作时间短,独立应对突发事件时应急处置能力和经验不足,作业中经常处于高度紧张状态,甚至产生畏惧心理,遇事手忙脚乱。同时,随着国家经济发展,旅客维权意识逐步增强,对服务品质的要求也在攀升,对铁路服务质量提出了更高的要求。铁路走向市场的改革也要求通过提升服务品质来吸引客户,扩大市场的影响力。

「案例链接」

高铁司机的“福利”

中国高铁正在持续发展过程中。高铁司机是高铁安全的守护者,他们的工作不同于普通火车司机的“看灯行车”,而是必须懂电脑、有技术,深谙“人机对话”流程。尤其是高铁均为单司机操作,司机的心理压力和责任更为巨大,那么他们该如何调解压力?

郑州机务段对高铁司机的压力进行了调查,发现集中在“家庭压力”“走车压力”“培训压力”等方面。因此,他们定期邀请执证心理医生为司机提供心理咨询服务,给高铁司机舒心减压,平时还定期组织调解心理状态和提升团队精神的拓展训练。

郑州机务段还组织所有高铁司机进行了专项特训。其中,单是针对行车过程中非正常情况下的紧急情况的演练,就耗时一周,覆盖42种情况。突遇雷电、风雪、地震等不可抗自然灾害如何应对?如何保证行车安全?若车上发生火灾,如何有效疏散旅客?若运行途中有旅客突发疾病该怎么处置?模拟各种突发状况,整班司机连续一周,从清晨6时开始直到晚上9时许,分批进行“魔鬼特训”。

3.无形递增的“提素”压力

要适应高铁时代的发展,我们的职工还需要“补课”,包括技术设备、服务技能、人文素养等,核心是学习能力的提升。时代的列车不会放慢速度,对个人来说,养成终身学习的习惯,在工作和生活中不断总结,才能提高自身应对环境变化的能力,完善个人的综合素质,最终适应社会发展的节奏,成为高铁队伍的坚实力量。目前,国家“一带一路”的发展战略更是对处于“黄金段”的兰州铁路局提出了更高的要求,《甘肃省人民政府关于印发丝绸之路经济带甘肃段“6873”交通突破行动实施方案的通知》里明确提出,要“打造以兰州为中心的国际化、现代化铁路综合交通中心,构建兰州、白银、武威、金昌、张掖、定西、天水等城市同城化格局,形成发达完善的快速铁路运输通道、现代物流运输通道、文化传承旅游运输通道、保障有力的安全运输通道”。企业“提素”的任务非常艰巨,压力可想而知。

(四)铁路企业如何实施EAP

根据目前铁路企业的实际情况,考虑现有资源的合理使用以及节约费用的立场,建议采用整合模式。对内依靠党政工团的作用发挥,充分利用现有资源;对外依靠专家,不断改进健康管理手段,提高组织健康管理的有效性。

1.内部服务:主要靠组织

(1)思想政治工作主导方向

十八大报告提出了"加强和改进思想政治工作,注重人文关怀和心理疏导,培育自尊自信、理性平和、积极向上的社会心态"的目标。面对新的挑战,思想政治工作要以心理疏导为新的突破,对思想教育工作的人员进行心理学知识、技能和方法的培训,掌握心理咨询的基本方式方法,拓展思想政治工作渠道,提高他们的心理疏导能力,扩大思想政治工作的用武之地。

高铁时代要求思想政治工作也必须创新方式,准确把握高铁技术进步给职工工作、生活带来的冲击,以积极向上的企业文化丰富职工精神文化生活,引领职工形成正确的价值观。由于国内外对铁路关注度越来越高,旅客对铁路服务质量要求也越来越高,无疑对高铁服务文化建设提出了新挑战。一方面要加强对高铁服务文化的研究,提升服务品位;另一方面通过培养高素质的人员,打造有高铁特色的服务品牌和先进典型,最大限度提升铁路的综合竞争力。挑战势必带来更大的压力,关注职工的思想动态,以更加细致入心的全面健康工程为职工保驾护航。

2014年1月,铁路总公司工作会议提出,要在全路实施运输一线党支部建设"三年基础工程":优化运输一线党支部设置,重点加强班组党支部建设,健全党支部基本工作制度;加强党支部书记队伍建设,配齐配强一线党支部书记,全面开展党支部书记岗位培训;加强党员队伍建设,深入开展党内无违章、无违纪、无事故竞赛活动。这正是铁路企业思想政治工作长期以来的一个缩影,各级党组织和支部始终在铁路运输安全生产中发挥着"战斗堡垒"的作用,坚定不移地为安全运输生产提供坚强的思想后盾。

(2)工会各级组织主导实施

企业工会工作长期渗透在职工中,积累了丰富的工作经验,掌握职工的真实情况,有很好的群众基础。近几年,兰州铁路局工会与专门的心理咨询培训机构合作培养了一批自己的心理咨询师。他们有专业的理论知识,熟悉企业的情况,能够贴近职工的实际接触面,但是缺少实战的机会,作用并没有发挥出来。另外,要充分利用铁路现有的卫生资源,发挥铁路疾控所的业务技术优势,运用现代医学心理学理论与方法,研究铁路职工健康心理状态。目前,全路30个疾控所已经有不少的心理咨询师,要继续培养心理咨询师,创造条件开设心理咨询室,联合站段工会定期开展职工心理咨询,组织心理健康疏导,开展重点岗位的职工睡眠调理,推广心理减压技术,推行营养与运动处方,维护职工身心健康。

现在可以做这样一些具体的工作:

第一,建立职工心理档案。工会可以和疾控所、站段职教科、人劳科、党群工作部联合作业,发挥心理咨询师的主导作用,运用理论模型,分析职工的气质、人格,开展调查、谈心等活动,对职工进行思想动态排查,积极完善职工的心理健康档案,为现场管理提供基础资料。

第二,加强心理健康宣传。面向基层职工开展活动,利用海报、自助卡、健康知识讲座等多种形式,把心理健康知识普及到班组、工区、车间、支部等,鼓励职工遇到心理困扰问题时积极寻求帮助,使心理健康的理念深入职工的头脑,为EAP的实施打好基础。把宣传重点定位在一线职工,解决他们对健康重视不够、信息来源不多的问题,切实为职工提供帮助和指导。

第三,配合开展心理咨询。利用丰富的网络资源和心理咨询热线,鼓励职工进行线上咨询;配合专业EAP咨询团队不定期在组织内部进行团体辅导,发放、汇总统计数据,分析阶段性工作可能带来的压力,及时调节职工心态和情绪,让心理健康咨询成为企业发展的“安全阀”。配合外部专家的工作也是学习和锻炼的机会,可以在实际活动中提升素质,提高内部心理健康宣传的活跃度,促进心理健康知识的普及。

「案例链接」

昆明铁路局的“试水”

2014年9月18日,昆明铁路局职工心理健康咨询工作暨首个职工心理健康咨询室正式启动。重点对昆明站、广通北站、红果站等9个客流较大车站一线职工进行心理健康状况检查和评估,对有心理问题的职工进行咨询疏导;继续对昆明机务段机车乘务员开展睡眠仪器治疗调理,并增加对局调度所调度员进行睡眠仪器治疗调理;通过试点职工心理健康咨询室,由心理专家定期对生产一线职工开展心理健康咨询工作;对运输一线重点工种(岗位)职工开展心理健康教育讲座,让职工掌握放松心情、舒缓心理、自我减压的方法。

自2009年开始,昆明铁路局建立了职工体检身心合一的健康保障模式,在健康体检的同时,分别对运输一线重点工种(岗位)职工进行心理健康检查、咨询疏导。5年来,开展心理健康检查、咨询疏导10676人次,对机车乘务员进行睡眠治疗3600人次,对运输一线重点工种(岗位)职工开展心理健康教育讲座50场。

2.外部服务:主要靠专家

开展职工心理帮助计划,必须借助外部EAP服务机构专业的指导,其专业性体现在流程设计、服务策略及技术指导方面。特别要重视EAP专家的作用,他们具有丰富的理论知识和实践经验,能够主导心理干预的方向,善于根据职工的实际问题,科学把握干预的节奏,为组织职业健康管理提供可靠的保证。

专家之所以重要,原因无外乎:(1)专家的权威性能够排除干扰。任何新事物的推行都会首先遭遇来自内部的压力，外部专家的权威性能够摆脱程式化思维的限制；(2)外部专家的视角是客观的，可以独立开展工作，容易克服内部“不识庐山真面目，只缘身在此山中”的主观偏差；(3)专家可以运用理论为具体的管理实践进行梳理，拓宽工作的思路和视角，并在理论与实践的结合上获得意想不到的收获；(4)有利于重建信任模式，专家的作用是发现“毒瘤”，通过与职工谈话观察和归纳病因，既给职工保密的承诺，又给企业提供科学的样本。

3.初步尝试：顶层设计最关键

尽管EAP已经开始在不同的组织内广泛实施，但对铁路而言，它还是一种新鲜的事物。铁路总公司推行的“职工健康行动计划”是一个很好的契机，打造职工健康服务的新模式，首先是对员工帮助计划的顶层设计，需要主管的各级管理者从全局的角度统筹规划，集中企业内部的有效资源，加强心理健康管理的制度化，增加对心理健康的投入，对专门的人员给予必要的支持，协调与各职能部门的配合，把心理健康管理工作纳入绩效考核的范围。组织必须要坚定与EAP机构长期合作的意向，为持续发展积聚心理“红利”，促进组织的健康成长。

因为是新事物，我们在进行尝试的时候，一定不能“仓促上马”，可以在有条件的站段先做试点，聘请外部专家团队，有针对性、有重点地开展工作，逐步累积经验，不断总结工作，并且摸索适合铁路企业的做法。这中间特别需要支持政策的一致性和连续性以及各部门的密切配合。

EAP既有挑战性，又充满无限的可能性，通过引进、尝试、丰富、完善，让它在铁路企业改革发展的进程中散发出独有的魅力。

附录一:中国铁路总公司关于实施职工健康行动计划的意见

为加强职工健康管理,提高铁路职工健康水平,保障铁路运输生产安全,总公司决定,从现在起用3年左右的时间,在全路各单位实施以“健康体检、健康宣传、健康维护”为主要内容的职工健康行动计划。为此,提出如下意见。

一、重要意义

实施职工健康行动计划,是总公司党组践行党的群众路线的具体体现,是在新时期提高铁路企业凝聚力的重要举措,是提高职工健康水平、保证运输生产安全的战略性部署。近年来,全路各级组织采取多种途径,全面加强“三线”建设,着力改善职工生产生活条件,职工的健康水平有了明显提高。但是必须看到,一些单位健康管理还存在薄弱环节,部分职工的防病意识还不强,高血脂、肥胖、高血压、糖尿病等慢性病患病率呈现上升趋势,由于心脑血管疾病导致在岗死亡现象时有发生,这些问题必须引起全路各级组织的高度重视。各单位各部门要充分认识实施职工健康行动计划,加强职工健康管理,提高职工健康水平的重要意义,健全完善职工健康管理体系,以“健康体检、健康宣传、健康维护”为中心,突出行车一线人员健康,突出慢性病防治,突出针对性防治措施,推行健康生活方式,强化职工自我保健,努力提高职工健康体检兑现率和防病知识知晓率,降低职工在岗因病死亡率,切实提高职工健康水平。

二、职责分工

实施职工健康行动计划,需要各单位、各部门的共同努力。各有关单位要统筹组织、明确任务、突出重点、全面推进。

总公司卫生保障管理领导小组统筹领导职工健康管理工作,督导推进职工健康行动计划。总公司劳卫部门牵头负责职工健康管理;铁路总工会牵头抓好“三线”建设,改善职工生产生活环境;运输部门牵头指导行车人员健康保障,改善企业生产条件;财务部门合理安排资金,提供有效保障;宣传部门负责健康宣传引导,营造安全和谐氛围。

铁路各单位作为职工健康管理的责任主体,要高度重视职工健康管理工作,健全职工健康管理网络,指定分管部门统筹负责职工健康行动计划推进工作。各铁路基层站段要明确专人(兼职)负责,发挥各级组织作用,引导职工重视自我保健。铁路疾控所负责做好技术指导工作。

三、主要任务

实施职工健康行动计划,加强职工健康管理,重点是抓好健康体检、健康宣传和健康维护三项工作。

(一)调整规范健康体检

健康体检是保证职工健康的重要基础。各单位要认真贯彻《中国铁路总公司职工体检和健康管理办法》(铁劳卫〔2014〕93号),切实抓好职工健康体检质量。一是继续做好职工体检工作。按照职工年龄分类,每1至3年一个周期,集中组织职工健康体检。二是调整体检项目和周期。针对职业特点和职工疾病谱,增加行车人员颈、腰椎和胃病检测指标,对有高血脂、高血压、糖尿病等慢性病的,要增加日常检测频次。三是避免重复和过度体检。统筹合理安排职工健康体检和从事职业病危害人员、餐饮人员、机车乘务员从业体检,做到一次体检完成相关项目要求。四是规范体检机构管理。各体检机构要具备体检资质和计算机信息管理能力,开展体检评估分析,并通报给职工本人。五是实行计划管理。各单位每年初,要制订下达所属单位职工健康体检计划,明确体检机构、时间、人员、经费,科学设置体检项目,将职工年体检率控制在50%左右。六是做好档案管理与协调保障。铁路疾控所负责收集职工健康体检资料,建立职工健康体检档案,实行一人一档,动态管理职工健康,掌握职工发病规律,做好个人资料保存管理,有效指导职工慢性病防治工作。各站段要合理安排,保证职工按时参加健康体检,确保职工健康体检兑现率。

(二)有效组织健康宣传

健康宣传是保证职工健康的根本措施。铁路疾控所要发挥主导作用,各站段要注重协调配合,将职工健康宣传纳入到职业培训范畴,提高职工自我保健能力。一是宣传原则要突出针对性。采取个性化服务方式,解决职工有病不知、不懂、不防、不治、不重视的问题。既要提高职工防病意识,也要避免形成心理压力。二是宣传内容要通俗易懂。使职工掌握职业生理、慢性病防治和自身保健知识,解读体检项目常识,使职工准确认识慢性病的近远期危害,掌握切合实际的防病方法。三是宣传形式要喜闻乐见。通过编发健康宣传资料,制作视频资料,开展宣讲活动,组织知识竞赛等宣传形式,利用局报刊台网、手机报、微信微博等载体,传播健康知识,开展职工健康宣传。四是宣传重点是一线职工。要从生活方式源头上消除环境、职业、饮食、行为、心理等方面致病因素,减少慢性病发生。五是注重宣传效果。要切实发挥宣传作用,引导职工养成良好生活方式,提高健康知识知晓率。

(三)全面启动健康维护

健康维护是保证职工健康的有效手段。要运用职工健康体检的成果,重点做好体检后的健康管理。通过健康干预措施,开展慢性病防治和心理疏导,降低职工因病死亡率。

一是加强职工慢性疾病防治。针对慢性病高发和可防可控特点,强化45岁以上在职职工慢性病防治,以心脑血管、糖尿病、肿瘤为防治重点,做好颈腰椎病、胃病防护工作,提倡"合理膳食、适量运动、戒烟限酒、心理平衡"的健康生活方式,控制血压、血脂、血糖、体重,做好慢性病诊疗引导,降低慢性病危害。

二是注重行车人员健康防护。研究行车工种职业生理特点,建立行车人员健康指标监测评估机制。对患有职业禁忌症的,要劝导诊疗控制,防止带重病症出乘。组织开展职工健康咨询,消除职业紧张压力。要组织突发危重疾病应急训练,掌握心脑血管意外院前救治技能。

三是加强重点人群管理。由劳卫部门牵头,针对近年体检资料进行一次筛查,确定高血脂、高血压、高血糖等重点人群,开展重点人群防治与随访观察。对患有严重职业禁忌症人员进行调整,防止发生岗上因病死亡现象。

四是建立职工健康预警机制。由铁路疾控所负责,结合职工体检和健康管理指标控制情况,分别设置站段、个人健康预警指标,开展慢性病风险评估;编制基层站段职工健康评价报告,建立预防告知制度,科学引导防治工作。

五是组织健康休养与心理疏导。要继续开展职工健康休养活动,做到集中组织、规范管理、安全有序,不断改善健康休养条件。要运用现代医学心理学理论与方法,研究铁路职工健康心理状态,培训健康心理咨询师,组织心理健康疏导,开展睡眠调理,推广心理减压方法,维护职工身心健康。

六是改善职工生产生活条件。要进一步完善生产生活设施,加强职工生活管理，建设铁路企业文化，特别是针对新开通运营线路，要加大工作推进力度。工会组织要结合文化、生活、卫生线建设，改善工区宿舍、餐饮、洗浴、厕所卫生环境，在职工间休室配置健身与身心疏导设备，完善班组小药箱建设和应急救治服务，组织健身活动，增强职工体质。

四、实施步骤

各单位要结合实际，研究制订实施职工健康行动计划的具体措施，建立工作制度，理顺协调机制，力争用3年左右的时间，基本建成较为完善的职工健康保障体系。

（一）前期准备阶段（2015年1季度）

研究部署实施职工健康行动计划推进工作，建立职工健康管理制度，评估落实体检机构，调整健康体检项目和周期，编制职工健康档案和宣传资料，落实职责任务，做好前期准备。

（二）实施完善阶段（2015年2～4季度）

组织职工健康体检，建立职工健康档案。开展针对性的健康宣传，启动站段健康宣传活动。探索慢性病重点人群管理模式，建立健康管理预警机制，改善生产生活条件，做好基础工作。

（三）考核验收阶段（2015年底）

将实施职工健康行动计划纳入各单位和基层站段的重要工作内容，重点全面推进职工健康管理工作。总公司将组织督导检查和工作考核，努力实现职工健康行动计划目标。

（四）规范管理阶段（2016年至2017年）

用2年左右的时间，完善职工健康管理工作，动态掌握职工健康行动计划推进情况，开展示范建设，总结典型经验，促进职工参加保健活动，养成健康生活方式，提高自我保健意识。

五、保障措施

实施职工健康行动计划，加强职工健康管理，需要各有关方面和广大干部职工的积极参与。各有关单位要转变思想观念,增强责任意识,切实做好职工健康行动计划推进实施工作。

(一)提高认识,加强领导

铁路各单位要充分认识实施职工健康行动计划的重要意义,深刻理解职工健康对运输生产安全的重要作用,把职工健康摆在重要位置,为基层一线职工服务。单位主要负责人要负总责,分管负责人要亲自抓,各级组织和各级干部要关心关爱职工,凝心聚力,将职工健康行动计划作为企业文化建设的重要内容,自觉纳入,有序推进。

(二)统筹管理,协调配合

各单位要统筹协调,精心设计,充分利用现有资源优势,调动劳卫、社保、工会、运输、宣传、公安和基层站段积极性,切实做好协调配合工作。铁路疾控所要将职工健康管理作为事业发展的重要支柱,适应铁路改革发展新形势,抓住发展机遇,切实承担起职工健康保障的历史责任。

(三)把握要点,做好保障

实施职工健康行动计划,关键是突出针对性、有效性,避免走过场、流于形式;重点是加强体检后的健康管理,切实发挥健康体检作用;核心在于促进职工自觉行动,培养健康生活方式。各单位要科学合理设计,调整规范措施,适应国情路情,量力而行。要借鉴相关行业经验,用足用好国家政策,把好事办好,努力实现职工健康行动计划工作目标。

附录二:兰州铁路局职工健康行动计划实施方案

为加强职工健康管理,提高铁路职工健康水平,保障铁路运输生产安全,根据《中国铁路总公司关于实施职工健康行动计划的意见》(铁总劳卫〔2015〕24号)精神,结合我局实际,制定本方案。

一、充分认识实施职工健康行动计划的重要意义

实施职工健康行动计划,是铁路总公司党组、路局党委、路局践行党的群众路线的具体体现,是在新时期提高铁路企业凝聚力的重要举措,是提高职工健康水平、保证运输生产安全的战略性部署。近年来,全局各级组织采取多种途径,全面加强"三线"建设,着力改善职工生产生活条件,职工的健康水平有了明显提高。但是,通过对历年职工健康体检结果的分析,发现一些单位健康管理不够规范,基础比较薄弱,部分职工的防病意识还不强,高血脂、肥胖、高血压、糖尿病等慢性病患病率呈现上升趋势,由于心脑血管疾病导致猝死的现象时有发生,严重威胁职工身体健康和运输生产安全。这些问题必须引起各级组织的高度重视。因此,按照铁路总公司的统一部署,从现在起用3年左右的时间,在突出行车一线人员健康、突出慢性病防治、突出针对性防治措施的基础上,在全局范围内实施以"健康体检、健康宣传、健康维护"为主要内容、以体质指数(BMI)为基础评价指标的职工健康行动计划,对加强职工健康管理、提高职工健康水平具有十分重要的意义。

二、职工健康行动计划的组织工作

(一)组织领导

路局成立职工健康行动计划领导小组。

组长:局长、党委书记

副组长:主管卫生工作副局长、局工会主席、总会计师

成员单位由劳卫处,局工会,运输、客运、货运、机务、供电、工务、电务、车辆、计统、财务、社保、职教、多经处,安监室,局办(党办)室,调度所,宣传部,机关党委组成。职工健康行动计划领导小组办公室设在劳卫处、局工会保障和女工部,主任由劳卫处处长、工会副主席兼任,副主任由劳卫处主管卫生副处长、局工会保障和女工部部长兼任。主要职责是研究和制订职工健康行动计划实施方案、群众性健身激励评比办法,督促和协调职工健康行动计划的有序开展。

(二)职责分工

局劳卫处牵头负责职工健康管理工作。拟定职工健康行动计划实施方案,协调建立职工健康体检档案,考核评价、督促落实健康行动计划。

局工会牵头负责“三线”建设、职工健康体检组织工作,适时根据不同职业特点调整体检项目,定期收集职工健康体检资料,评估体检质量,配合督促落实健康行动计划。

局多经处负责非运输企业职工健康行动计划的组织工作。

局财务处负责职工健康行动计划费用的审核安排。

局计统处负责职工健康行动计划更新改造项目的审核、立项工作。

社保处负责配合做好职工健康体检组织、健康体检资料收集、体检质量评价工作。

运输、客运、货运、机务、供电、工务、电务、车辆处负责督促做好本系统职工健康保障工作。

调度所负责配合做好调度人员健康保障工作。

安监室负责督促落实职业病危害治理项目、劳保用品发放和职工在岗因病死亡统计工作。

职教处负责依据《铁路劳动安全培训规范》组织各单位开展职工职业健康培训。

宣传部负责职工健康行动计划宣传引导工作,通过电视、报纸、办公网络,开辟健康教育专栏、专版,搭建普及高血脂、高血压、糖尿病等慢性病防治知识的常态化平台,营造“合理膳食、适量运动、戒烟限酒、心理平衡”的良好生活氛围。

机关党委负责路局机关职工健康行动计划的组织工作。

局疾控所具体承担从事职业病危害从业人员、进入海拔3000米以上区段作业人员和机车乘务员职业健康检查及健康行动计划技术指导工作,及时收集职工健康体检资料,建立职工健康体检电子档案,实行一人一档,动态管理职工健康,掌

握职工发病规律，做好个人资料保存管理，指导慢性病防治，强化健康教育宣传，组织开展阶段性评估工作。

各单位作为职工健康管理的责任主体，要高度重视职工健康管理工作，健全职工健康管理网络，由工会组织统筹负责职工健康行动计划推进工作，明确专人负责，引导职工重视自我保健。

三、主要内容及基础评价指标

（一）主要内容

实施职工健康行动计划，加强职工健康管理，重点是抓好健康体检、健康宣传和健康维护三项工作。

1.健康体检

健康体检是保证职工健康的重要基础。各单位要认真贯彻《中国铁路总公司职工体检和健康管理办法》（铁劳卫〔2014〕93号）、路局关于职工健康体检有关要求，切实抓好职工健康体检质量。一是继续做好职工体检工作。按照职工年龄、性别分类，每1～2年一个周期，集中组织职工健康体检。二是适时调整体检项目和周期。针对职业特点和职工疾病谱，增加行车人员颈、腰椎和胃病检测指标，对有高血脂、高血压、糖尿病等慢性病的，重点做好随访观察。三是规范体检机构管理。各体检机构要具备体检资质和计算机信息管理能力，定期向局疾控所提供职工体检翔实数据，协助开展体检评估分析，并向职工本人提供具有针对性的干预建议。四是实行计划管理。各单位要按照路局年初下达的职工健康体检计划，结合职业特点科学设置体检项目，明确体检机构、时间，保证职工年体检率达90%以上。

2.健康宣传

健康宣传是保证职工健康的有效途径。局疾控所要发挥主导作用，各站段要注重协调配合，将职工健康宣传纳入到职业培训范畴，提高职工自我保健能力。一是宣传原则要突出针对性。采取个性化服务方式，解决职工有病不知、不懂、不防、不治、不重视的问题。既要提高职工防病意识，也要避免形成心理压力。二是宣传内容要通俗易懂。使职工掌握职业生理、慢性病防治和自身保健知识，解读体检项目常识，使职工准确认识慢性病的近远期危害，掌握切合实际的防病方法。三是宣传形式要喜闻乐见。通过编发健康宣传资料，制作视频资料，开展宣讲活动，组织知识竞赛等宣传形式，利用局域网、兰铁报、兰铁手机报、铁路职工网上家园、“兰州铁路95306”公众微信平台、电视台等载体，传播健康知识，开展职工健康宣传。四是宣传侧重行车主要工种。要从生活方式源头上消除环境、职业、饮食、行为、心理等方面致病因素，减轻精神压力，减少慢性病发生。五是注重宣传效果。引导职工养成良好生活习惯，逐步改变“健壮=健康”“睡觉=休息”等误区，提高健康知识知晓率。

3.健康维护

健康维护是保证职工健康的有效手段。要运用职工健康体检的结果，重点做好体检后的健康管理。通过开展慢性病防治、心理疏导等综合性健康干预措施，降低职工因病死亡率。

一是加强职工慢性疾病防治。针对慢性病高发和可防可控特点，强化45岁以上在职职工慢性病防治，以心脑血管、糖尿病、肿瘤为防治重点，做好颈腰椎病、胃病防护工作，提倡“合理膳食、适量运动、戒烟限酒、心理平衡”的健康生活方式，控制血压、血脂、血糖、体重，做好慢性病诊疗引导，降低慢性病危害。

二是注重行车人员健康防护。研究行车工种职业生理特点，建立行车人员健康指标监测评估机制。对患有职业禁忌症的，要劝导诊疗控制，防止带重病症出乘。组织开展职工健康咨询，消除职业紧张压力。要组织突发危重疾病应急救护训练，掌握心脑血管意外院前救治技能。

三是加强重点人群管理。由劳卫部门牵头，针对近年体检资料进行一次筛查，确定高血脂、高血压、高血糖等重点人群，开展重点人群防治与随访观察。对患有严重职业禁忌症人员进行调整，防止发生在岗因病死亡现象。

四是建立职工健康预警机制。由局疾控所负责，结合职工体检和健康管理指标控制情况，分别设置站段、个人健康预警指标，开展慢性病风险评估；编制基层站段职工健康评价报告，建立预防告知制度，科学引导防治工作。

五是组织健康休养与心理疏导。要继续开展职工健康休养活动，做到集中组织、规范管理、安全有序，不断改善健康休养条件。要运用现代医学心理学理论与方法，研究铁路职工健康心理状态，培训健康心理咨询师，组织心理健康疏导，开展睡眠调理，推广心理减压方法，维护职工身心健康。

六是改善职工生产生活条件。要进一步完善生产生活设施，强化职工生活保障，建设铁路企业文化，特别是针对新开通运营线路，要加大工作推进力度。工会组织要结合文化、生活、卫生线建设，改善工区住宿、餐饮、洗浴、厕所卫生环境，在职工间休室配置健身与身心疏导设备，完善班组小药箱管理和应急救治服务，组织健身活动，增强职工体质。

（二）基础评价指标

体质指数（BMI）是判断体重是否正常的指标，成人的正常体重是指体质指数在18.5～23.9kg/m²之间，体质指数(BMI)≥24 kg/m²为超重，体质指数(BMI)≥28 kg/m²为肥胖。

计算公式为：BMI=体重(千克)/身高(米)²。

四、实施步骤

各单位要结合实际制订实施职工健康行动计划的具体措施，建立工作制度，理顺协调机制，力争用3年左右的时间，基本建成较为完善的职工健康保障体系。

(一)前期准备阶段(2015年1月1日～3月31日)

研究部署实施职工健康行动计划推进工作，建立职工健康管理制度，评估落实体检机构，调整健康体检项目和周期，编制职工健康档案和宣传资料，落实职责任务，做好前期准备。

(二)实施完善阶段(2015年4月1日～9月20日)

组织职工健康体检，建立职工健康档案。开展针对性的健康宣传，启动站段"健康教育进班组"活动。探索慢性病重点人群管理模式，建立健康管理预警机制，改善生产生活条件，做好基础工作。

(三)考核验收阶段(2015年9月21日～12月31日)

将实施职工健康行动计划纳入各单位的重要工作内容，全面推进职工健康管理工作。路局将组织督导检查和工作考核，努力实现职工健康行动计划目标。

(四)规范管理阶段(2016年至2017年)

用2年左右的时间，完善职工健康管理工作，动态掌握职工健康行动计划推进情况，开展示范建设，总结典型经验，督促职工参加"我运动、我健康"活动，崇尚健康生活方式，提高自我保健意识。

五、保障措施

实施职工健康行动计划，加强职工健康管理，需要各级组织和广大干部职工的积极参与。各单位、部门要转变思想观念，增强责任意识，切实让广大干部职工从职工健康行动计划中得到实惠。

（一）提高认识，加强领导

各单位要充分认识实施职工健康行动计划的重要意义，深刻理解职工健康对运输生产安全的重要作用，把职工健康摆在重要位置，为运输一线职工服好务，激发职工正能量。实行“党政主要领导负总责、工会主席亲自抓、工会组织牵头、劳人等部门配合落实”的工作机制，建立考核制度，将职工健康行动计划作为企业文化建设的重要内容，自觉融入，有序推进。

（二）把握要点，注重效果

实施职工健康行动计划，关键是突出针对性、有效性，避免走过场、流于形式；重点是加强体检后的健康管理，切实发挥健康体检作用；核心在于促进职工自觉行动，培养健康生活方式。各单位要统筹谋划，围绕职工体质指数（BMI）达标率，采用符合段情、灵活多样的形式，推动“健康单位”“健康车间”“健康班组”创建活动，为路局现代化建设提供可靠保障。

参考文献

[1]樊富珉，费俊峰.青年心理健康十五讲[M].北京：北京大学出版社，2006.

[2]孙健升.阳光心态 灿烂人生[M].北京：机械工业出版社，2009.

[3]岳晓东.历史中的心理学[M].北京：机械工业出版社，2010.

[4]段鑫鑫，赵玲.大学生心理健康教育[M].北京：科学出版社，2008.

[5]宋宝萍.大学生心理健康教育[M].西安：西安电子科技大学出版社，2007.

[6]中国就业培训技术指导中心，中国心理卫生协会.国家职业资格培训教程：心理咨询师(三级)[M].北京：民族出版社，2011.

[7]岳晓东.登天的感觉(修订本)[M].上海：上海人民出版社，2008.

[8]朱月龙.心理健康全书(第三版)[M].北京：海潮出版社，2008.

[9]詹姆斯·坎贝尔·奎克，洛伊丝·E.蒂特里克.职业健康心理学手册[M].蒋奖，许燕，译.北京：高等教育出版社，2010.

[10]宋国萍，汪默.职业健康心理学[M].南京：东南大学出版社，2010.

[11]Stavroula Leka，Jonathan Houdmont.职业健康心理学[M].傅文青，赵幸福，主译.王育强，审校.北京：中国轻工业出版社，2014.

[12]理查德·格里格，菲利普·津巴多.心理学与生活[M].王垒，王甦，等译.北京：人民邮电出版社，2003.

[13]赵军燕.健康心理学[M].北京：开明出版社，2012.

[14]李红，柳玉芬.工业管理心理学[M].大连：大连理工大学出版社，2012.

[15]张西超.员工帮助计划——中国EAP的理论与实践[M].北京：中国社会科学出版社，2006.

[16]戴淑芬.管理学教程[M].北京：北京大学出版社，2005.

[17]刘光明.企业文化[M].北京：经济管理出版社，2001.

[18]中国铁路职工思想政治工作研究会主办《铁路文化建设》2014年第2～6期。